大国质量

世界名企版“大国崛起”

《大国质量》节目组 著

当代世界出版社
THE CONTEMPORARY WORLD PRESS

图书在版编目（CIP）数据

大国质量：世界名企版“大国崛起”/《大国质量》节目组著. — 北京：当代世界出版社, 2019.5

ISBN 978-7-5090-1496-7

Ⅰ. ①大… Ⅱ. ①大… Ⅲ. ①质量管理—世界 Ⅳ. ① F279.1

中国版本图书馆 CIP 数据核字 (2019) 第 052015号

书　　名：大国质量：世界名企版“大国崛起”
出版发行：当代世界出版社
地　　址：北京市东城区地安门东大街70-9号
网　　址：http://www.worldpress.org.cn
责任编辑：高　冉
编务电话：（010）83907528
发行电话：（010）83908410（传真）
13601274970
18611107149
13521909533
经　　销：新华书店
印　　刷：北京华联印刷有限公司
开　　本：710毫米×1000毫米　1/16
印　　张：15
字　　数：204千字
版　　次：2019年8月第1版
印　　次：2019年8月第1次
书　　号：ISBN 978-7-5090-1496-7
定　　价：69.80元

《大国质量》编辑委员会

推荐序一

何为质量？何为质量管理？

国际质量科学院院士　郎志正

“21世纪是质量的世纪。”——世界著名质量管理大师J.M.朱兰

正如朱兰博士所预言，近年来，我们伟大的祖国正以昂扬的斗志大踏步地进入高质量发展的新时代。早在2014年5月，习近平总书记在河南考察时就提出了三个转变，即“中国制造向中国创造转变、中国速度向中国质量转变、中国产品向中国品牌转变”。这三个转变精辟地揭示了新时代的特征。

在回味中国改革开放40周年和迎接新中国成立70周年的日子里，大型纪录片《大国质量》于2019年3月15日公映了。该纪录片以“质量强则国家强，质量兴则民族兴”为主题，以经济全球化和市场竞争为视点，聚焦国家转型升级的节点，强调“质量强国”战略的重要性，阐述了质量的内涵和发展历程，以及提升质量意识、质量文化的迫切性。从某种角度上来讲，大国质量意味着：大国必须得有质量；有质量的国家，才能称得上是大国。

本人从事质量工作40年。数十年间，我从军工企业的技术人员到科研院所的武器设计者、高校的质量管理教师，再到为国家提供咨询建议的国务院参事；从研究军工产品质量到工业产品质量，从研究产品质量到服务质量；从全面质量管理（TQM/TQC）

的引进到ISO9000（GB/T19000）企业标准的贯彻，再到卓越绩效模式的推行……我深切地体会到了质量工作的艰辛，尝到了质量工作的香甜与苦涩，也为我国质量不断进步而欢欣鼓舞。

上世纪70年代末改革开放初期，国家对产品的抽查合格率在70%左右，而现在已经上升到90%以上。如今，我们不仅有了自主创新的高质量的长征系列火箭，300公里以上时速的高铁，覆盖全球的北斗导航系统，先进的第三代核电技术，3G、4G和5G的移动通信，还涌现出了华为、格力、海尔、三一重工、腾讯、中国移动等著名的自主品牌。在取得高质量产品和服务的同时，我们也认识到我国在质量方面还有很大提升空间，在产品质量、服务质量等方面存在着风险，我们的产品和服务还不能完全满足人民日益增长的美好生活的需求，还需要不断提升供给侧的质量。

习近平总书记在十九大报告中指出："我国经济已由高速增长阶段转向高质量发展阶段……必须坚持质量第一、效益优先。"贯彻新发展理念，要以提升发展质量和效益为中心。这里所讲的"质量"是"大质量"。20世纪90年代，在我国，我最先提出了"大质量"概念，并从范畴、过程和结果、组织、系统和特性等五个方面进行了阐释。

从范畴来讲，任何事物都有质量，不仅包括产品、工程和服务，还包括经济增长质量、环境质量、教育质量等，特别重要的是发展质量；从过程和结果来讲，过程决定结果，结果才是目的；从组织来讲，质量应渗透到组织的所有机体，包括国家、行业、企业等；从系统来讲，大质量概念要求系统最优，接口可靠；从特性来讲，包括固有特性和人们所赋予的特性，比如，工业产品不仅要考虑性能、可靠性与维修性、安全性、环境适应性等固有特性，也要考虑经济性、时间性等人们所赋予的特性。

当前，高质量发展正是建立在大质量概念的基础上，特别是要符合经济、政治、社会、文化和生态文明五位一体的总体布局，符合创新、协调、绿色、开放、共享五大发展理念。

2017年9月5日，中共中央、国务院发布了《关于开展质量提升行动的指导意见》，指导意见要求："坚持以企业为质量提升主体；加强全面质量管理，推动应用先进质量管理方法，提高全员全过程全方位控制水平；弘扬企业家精神和工匠精神，提高决策者、经营者、管理者、生产者质量意识和质量素养，加强品牌建设，打造质量标杆企业，提高企业质量管理水平和核心竞争力。"

这里所说的全面质量管理是什么含义呢？与前文所说的全面质量管理有什么区别呢？我想，可以从以下三个方面来衡量：首先，从组织角度上讲，管理的对象应该是一个组织（包括企业）；其次，从系统上讲，管理要形成一个体系；第三，从内涵上讲，管理模式应包括管理理念、管理原则以及管理技术和方法。

我认为，现代质量管理有三种模式：一是全面质量管理模式；二是ISO9000模式；三是卓越绩效模式。

全面质量管理模式，源于美国，发扬于日本，它提出了满足用户要求、"头QC"、全员参与、全过程控制、用数据说话、始于教育终于教育、PDCA循环等理念和方法，其缺陷是没有形成一个组织完整的质量管理体系，不易落实。

ISO9000模式，全面吸收了TQM的理念和方法，建立了一个组织以过程为基础的质量管理体系，但其目的仅限于提供满足顾客要求和适用的法律法规要求的产品的能力，没有涉及满足组织、员工、供方和社会的要求，特别是未涉及企业可持续发展和发展质量。

卓越绩效模式，是按照国家标准GB/T19580《卓越绩效评价准则》来实施的，虽然是参照美国波多里奇国家质量奖卓越绩效标准制定的，但在我参与和审定该国家标准时，结合中国国情加入了发展质量、风险管理、资源节约、环境保护、建设自主品牌等内容，特别是突出了产品质量在其中的重要性。

因此，习总书记和《指导意见》所说的质量管理已经不同于原来的TQM，而是建立在贯彻新时代、新发展理念的基础之上的；不同于原来的质量管理的“三全”，而是提出了“全方位”这个重要的理念。所谓“全方位”，即按照五大发展理念来追求卓越，对一个国家是这样，对一个企业也是这样。可以说，全面质量管理是一个组织高质量发展的必经途径。

《大国质量》现以图书的形式呈现给读者，是一件非常有意义的事。同时，受邀为本书作序，我感到十分荣幸，心潮澎湃，也深感诚惶诚恐。

该书以国际视野介绍和审视了一些国家、企业有关质量和质量管理的经验，以及所发生的故事；以生动活泼的表现手法阐述了质量和质量管理的方方面面，包括国家质量基础设施（计量、标准、认可、合格评定和市场监督等），为读者提供了一份丰富的质量大餐。让我们一起快乐享用吧！

2019年5月6日　于北京

推荐序二

质量强国，必由之路

中国质量万里行促进会会长　刘兆彬

美国质量大师朱兰教授说：“在和平时期，用质量去占领市场是一种最有效的手段。质量是推动社会进步的最有效措施。”

纵观世界经济发展史，质量确实日益成为市场竞争的核心内容。质量提升，日益成为经济社会发展的重要标准；质量水平，日益成为一国进步与否和文明程度高低的显著标志。

无论是德国的质量强国还是日本的质量振兴，无论是美国的质量提振还是韩国的质量赶超计划，全球化大背景下的质量竞争不仅是国家立足世界的根基，也是高效发展、科学发展、可持续发展的主旋律。

中国在改革开放40年里取得了令人瞩目的成就，已成为世界第二大经济体。正如诺贝尔经济学奖得主罗纳德·哈里·科斯（Ronald H.Coase）先生所说：“这不仅是中国的奇迹，也是人类的奇迹！”

目前，我国虽是数量大国，但远不是质量强国。无论是增长质量、就业质量、外贸质量、环境质量，工业化、城镇化质量，还是产品工程服务及人们的生活质量、健康质量、生命质量，与发达国家相比，还有很大差距。因此，转型高质量发展，是当下中国的大目标、大战略、大趋势，是完全符合中国国情和世界经济发展规律的正确选择。

大型纪录片《大国质量》播出后，引发了各界人士的强烈反响。这种现象印证了关于高质量发展的民众共识、国家共识。现又出版成书，其制作内容和形式也都很有质量。

世界质量大师戴明先生讲："质量必须成为一种信仰!"信仰质量，才能使中国由数量大国变为质量强国。路漫漫其修远兮，吾辈为此而奋斗！

2019年5月20日　于北京

前 言

质量的启蒙

《大国质量》总导演 刘军卫

当今，中国正在从高速增长进入高质量增长的时代。那么“质量”的内涵是什么？我们应该如何理解“质量”？除了从事相关工作的专业人士之外，大多数人对于它的理解仍然是模糊的。因此，在纪录片《大国质量》启动之初，我们摄制组与本片的出品方中国检验认证集团和策划方原国家质检总局的领导们、专家们探讨时，就将该片定位为“质量的启蒙”，希望把这部片子打造成一部启蒙性的、科普性的系列纪录片。

“质量”，我们在生活中常常提起这个词，买东西的时候会习惯性地用它评判商品的好坏。除了“质量好坏”这个维度之外，我们对它的理解就没有更多了。其实，质量管理是一门科学，是一个庞大的体系。

举个例子，黄国梁司长（原国家质检总局质量管理司司长）用一个一次性纸杯来给我们举例子，问我们，你们觉得如何评判这个一次性纸杯的质量？根据生活经验，我们给出的回答是，它结实、不漏水，能多用几次，那么就是个质量不错的杯子。但黄司长解释道，既然这个产品是个一次性纸杯，它的使用时间就会有一个标准，比如它能够使用35分钟，那么从耐用性上来说就算是个好杯子。它必须是安全、无毒的，这是第一位；能够达到预计的使用时间，是第二位；而更重要的是，它对环境的损耗要尽可能地少，这也是评判它质量好坏的一个重要标准。

中国的质量，这么多年有进步、有成绩，是毫无疑问的，但是还差很多，否则国家领导也不可能提出“质量时代”这个概念。

现在，到处都在提“工匠精神”。“工匠精神”确实需要提倡，但不能简单化、片面化理解。今天的中国质量，究竟差在哪儿呢？从哪里开始产生差距的呢？

以我的观察，问题产生于从手工业生产到工业化生产的转换期间，中国在工业革命过程中被拉开了差距。中国进入工业社会的过程很快，时间上是被压缩的；中国的标准、科学体系的建设是滞后的，没有跟工业生产体系同步建立起来。所以，中国质量其实是差在这儿，而不只是差在工匠精神。今天，如果只弘扬工匠精神，不重视标准与科学体系的建设，显然是不够的。培养工匠精神只是质量管理的一个环节而已。

这个概念也是我们想在《大国质量》里给大家传达的：质量不是光靠工匠精神做起来的。就像工业革命时期，有些顶层的制度是伴随着蒸汽机、瓦特而设计的，比如，俄罗斯有门捷列夫建立起来的质量体系，美国有波多里奇国家质量奖……各个国家都在做这样的制度建设。

让企业努力去做好质量，是市场的概念。但政府也应该发挥好监管作用。正如马克思所说：“如果有10%的利润，它就保证到处被使用；有20%的利润，它就活跃起来；有50%的利润，它就铤而走险；为了100%的利润，它就敢践踏一切人间法律；有300%的利润，它就敢犯任何罪行，甚至绞首的危险。”商家唯利是图是不可避免的，没有一个国家能够例外。这个时候，我们必须让商家遵循一些普遍的、科学的规律。《大国质量》除了在技术层面的启蒙，还有在思想层面的启蒙，这正是我们希望做到的事情。

当然，我们的传统文化也给了我们很多启发。比方说秦军的箭镞，一批一批的，尺寸都一样，分毫不差；城墙的砖上刻着一个一个匠人的名字，这代表了责任追究制度。这些古老的制度，其实我们可以让其重生，然后带入现代体系里。

从追求数量转变为追求质量确实是一场发展的革命，首先是一场观念的革命。

承认我们的不足，承认差距，这才是真正的自信。

这是你熟悉的“质量”，这也是你不熟悉的“质量”。“大国质量”，开宗明义，不是指质量的大国，而是如何借助质量管理来成为一个大国。这是一个科技概念，更是一个思想概念。我们努力给大家打开一扇思考的窗户。

2019年3月15日

目 录

第一章 质量时代

第二章 强国之基

第三章 天下规则

第四章 信任丛林

第五章 风云再起

第六章 风险世界

第七章 再塑匠心

第一章

质量时代

❶“德国制造”的诞生

2015年9月18日，德国沃尔夫斯堡，近六万名大众公司的员工即将结束一周的工作。此时，他们并不知道，迎接他们的，不是一个愉快的周末。

晚间新闻后，一场风暴骤降德国。

美国联邦环保署和加州大气资源委员会分别发表公告，指控德国大众公司涉嫌在排放测试中作弊，并责令大众召回近50万辆汽车。

9月21日，大众公司在法兰克福证券交易所的股价重跌16.8%，公司市值损失约130亿欧元。除此之外，大众公司还将面对一张高达180亿美元的罚单。

德国大众公司首席质量官

汉斯-约阿西姆·罗滕皮勒

——

柴油发动机排放事件存在人为错误，对此，大众公司不会做任何回避和辩解。

之所以取名“大众”，其背后的含义，是希望生产普通老百姓喜爱、信赖并且消费得起的汽车。

20世纪30年代以来，大众汽车凭借着它的质量和可靠性，逐渐成为“德国制造”中一块响当当的招牌。

但这一次，大众并没有对得起它的名字。

转瞬间，这个因难民政策而引起国际舆论争议的欧洲大国，又因为大众汽车的质量问题被推到了风口

德国大众老车间

浪尖。因为，它意味着“德国制造”和其背后130年苦心经营的质量和信誉可能会毁于一旦。

千百年来，高质量的产品往往会成为其产地的代名词，质量的高低也往往决定了一个民族的形象和声誉。同时，伴随着“国家”的概念诞生，质量的竞争更是与国家的竞争紧紧地联系在了一起。

2015年秋，当对“德国制造”的质疑声铺天盖地般飞来，全世界都期待着大众公司给人们一个交代的时候，一位身份特殊的德国人率先站到了世界媒体的面前。

她，就是德国总理安格拉·默克尔。

她说：“我希望大众公司对待这次的丑闻能做到完全透明！”

时任英国首相罗伯特·塞西尔

二战后的半个多世纪以来，在这个市场经济高度发达的国度里，很少听到最高领导人出面对某个企业施压的先例。

“德国制造”无疑是德国的代名词之一。默克尔总理的亲自表态，究竟意味着什么呢？回答这个问题，需要回到“德国质量”最初开始的地方。

18世纪时，英国谢菲尔德被称为“刀具之都”和“钢铁之城”，但是，连续12年来，这里有超过半数的炼钢厂和刀具车间熄火停工。

按常理来说，工厂停工是因为收不到订单，但从海关上报的数据看，谢菲尔德刀具的出口额不降反升。

英国首相罗伯特·塞西尔亲自成立皇家调查委员会，目的之一就是为了查出这件事情的真相。

然而，两个多月过去了，首相还是一筹莫展。

为此，在听证会上，谢菲尔德公会主席詹姆斯·迪克森和公会秘书斯图尔特·厄特利甚至当堂吵了起来。

厄特利认为，导致这个怪现象的原因是“有人用劣质的贝塞麦钢制造刀具，并偷偷刻上‘谢菲尔德制造’的标记出口海外”；公会主席则矢口否认他们中间存在这样的“卑鄙无耻之徒”。

英国谢菲尔德刀具贸易公会档案员
琼·昂温

——

如果要锻造一把刀，需要先加热再锻打，这是一种正确的方式。如果采用熔铸的方式，将熔化的金属浇入模具，然后再打磨，会使刀具质量低下，使用时极易折断。

作为工业革命的发源地，19世纪的英国也被誉

调查听证会（绘图）

为“质量先声”。在纺织、钢铁、机械等众多领域，英国凭借最先进的技术、最广阔的殖民地以及高质量的产品，占据着全球最大的市场份额。

在刀具行业里，“谢菲尔德”就等同于高质量。甚至于，只要在刀面刻上“锋利”二字，就会被认为是谢菲尔德出产的。

这是这个中世纪古城几百年来积攒的声誉。

早在1624年，这里就成立了独立的质量监督机构——刀具贸易公会。每年，公会都会举行隆重的仪式，仪式的内容只有一个——销毁次品。

英国伦敦政治经济学院教授

帕特里克·奥布莱恩

——

贝塞麦转炉炼钢法的核心工艺，是将炉内铁水直接冶炼成钢水。高效是它最大的优点。但用这种方法生产出来的钢材，质量不高。

贝塞麦转炉 现藏于英国谢菲尔德凯乐姆岛博物馆

英国谢菲尔德刀具贸易公会

如果真是“内鬼”作案，刀具公会不可能放任不管，而且，这无疑是搬起石头砸自己的脚。

1886年1月20日，关键证据出现了。

调查员的桌上摆着一把款式精美的小刀，刀面上刻着英国赫赫有名的高端刀具生产商——罗杰斯家族的商标。

但仔细辨认就会发现，商标图案从罗杰斯公司的一颗六芒星、一个十字架，变成了两个十字架，“罗杰斯”则被拼写成了一个德国名字——“罗特根”。

索林根刀具厂的原材料，来自德意志关税同盟煤矿工业区。历史上，它是德国工业的“心脏”，也是德国钢铁工业先驱克虏伯家族的发迹地。艾尔弗雷德·克虏伯，作为德国皇帝威廉一世和“铁血宰相”俾斯麦的密友，他还拥有另一个身份——工业间谍。

罗杰斯家族的刀具样品

“罗特根”刀具上的双十字图案

武汉大学历史学院教授
李工真

在德国索林根这个地方，他们伪造这个产品，把这个产品冒充成英国货，拿到全世界去卖。抓了个正着以后，他也没有抵赖这个事情，供认不讳。他说，实际上不光是我们这家公司在偷英国的技术，在他的家乡索林根这个地方，有上百家公司都在干这件事。

他窃取了英国的炼钢技术，投入工业生产，再将边角料卖给索林根。为了掩人耳目，索林根商人们先将刀具运往英国，再从英国出口至世界各地。

在当时的德国，这些都是公开的秘密。

不过，在“日不落帝国”的印象里，德国虽然工业总产值已跃居欧洲第二，却不可能对自己构成什么威胁，几百年来，德国唯一能拿得出手的产品，只有一种产自黑森林的布谷鸟自鸣钟。

此时此刻，英国人再也抑制不住心中的怒火了。

在给维多利亚女王的报告中，皇家委员会这样写道：“谢菲尔德刀具以最高质量享誉全球，但同时也让一些不诚实的行径变得有利可图。我们认为，英国政府应该尽最大努力，防止这种故意写错产地的奸诈行为再次发生。”

最终，1887年8月23日，英国议会通过了《商标法》修改案，英国进口的所有外国产品，都必须贴上“某国制造”的标签才能上架销售。

这一天，用蒸汽机敲开人类工业时代大门的英国，为维护本国产品质量的声誉，开启了人类质量竞争的崭新历史。

也是在这一天，“德国制造”诞生了。

如今，想让一名厨师将他的刀功发挥得淋漓尽致，缺不了一把“双立人”。

今天，双立人公司的总部，正坐落于莱茵河畔的索林根。

双立人公司总部　德国索林根

德国双立人公司首席技术官
雷内·施密茨

——

英国《商品销售法》出台以后，双立人就开始自己生产钢材，进行熔炼。通过应用新的流程、设备，如模锻，双立人这个品牌开始进行工业化改造，并改善了产品质量。

德国双立人公司首席质量官
克里斯蒂安·阿伯克

——

质量必须是一家企业自身的一部分。在我们的产品质量管理过程中，这一点很重要。所有员工都要做到质量把关。

随着新商标法案的颁布，罗特根公司的刀具在短短几年内销声匿迹，同时期，德国倒闭、破产的山寨企业有上千家。

双立人成了为数不多的特例。

如同双立人商标所展现的那样，索林根之外的德国，西门子、博世、拜耳、奔驰、蔡司……这些来自不同领域的至今仍名声显赫的品牌，都是那个时代手挽着手、肩并着肩，在一片歧视、白眼和嘲讽中站立起来的巨人。

1896年，在“德国制造”这个词语被发明仅仅十年后，英国人并没有迎来他们预想的胜利，而是恰恰相反。**“身上的衣服是德国缝制的，少女们周末穿的漂亮披风与上衣来自德国，孩子们的玩具、童话书、甚至铅笔都产自德国，就连周末歌剧院里上演的歌剧也是德国人创作的，演员大多是德国人。”**

“德国制造”成为了属于所有德意志人的品牌。支撑起这个品牌的，是质量。

20世纪50年代，联邦德国政府实施“以质量推动品牌建设，以品牌助推产品出口”的质量政策，令德国制造业在战后迅速崛起，成就了著名的“莱茵河奇迹”。

从劣质产品到品质的象征，德国和德意志民族用

武汉大学历史学院教授

李工真

对于任何一个正在发展中的奔向工业化的国家来说，要想在极短的时间里面，在世界市场上分一杯羹，往往会走一条山寨道路，但是德意志民族在这个时候很好地去反思了自己。他们就是要调整他们的发展战略，就是要改变，不是用低价格，不是用低质量、低价格，而是要用高质量来竞争。

德国管理学家、《隐形冠军》作者

赫尔曼·西蒙

德国百年之前的这种质量状况，中国近些年也出现过。英国希望把“德国制造”变成质量低劣的标志，但是这些并没有打击德国的信心，反而促进了德国不断改进质量，逐渐成为英国更加强劲的对手。

德国大众公司首席质量官

汉斯-约阿西姆·罗滕皮勒

人总是会犯错的，但我相信通过努力，我们的流程将更加稳定，而产品品质也将得到进一步提升，从而重新获得顾客的信任。

了短短十年。但直到今天，无论是“尾气门”事件曝光，还是默克尔总理的严词呼吁，“德国制造”仍然在向世界证明着：质量，从来都是一项容不得半点马虎的百年工程；维持“高质量”的国际形象，必须依靠全社会数代人持之以恒的专注和毅力。

2016年6月，仍在为摆脱“尾气门”影响而不断努力的德国大众公司，推出一项名为“2025战略”的全面重组计划。这将成为大众数十年来最广泛、最深刻的一次改革。

但是，要达到实质效果，恐怕还需要一段时间。

而质量，只有质量，只有自始至终将质量放在第一位，才有可能让这些努力和心血不付诸东流。

❷“日本制造”的超越

2017年10月8日，日本工业三大主力厂商之一的神户制钢所召开新闻发布会，就其未达标的铝、铜制品向公众道歉。该丑闻影响程度之深、范围之广，令世人震惊，众多日本汽车企业以及H2A火箭、三菱支线客机、部分新干线列车，甚至日本制造的英国高铁列车，无一不中招。

无独有偶，半个月后，日本农协的兵库县地方总部向外界承认，由该机构在神户市内直接经营的一家餐厅从去年4月起至今，向顾客提供了大约3200份次等牛肉冒充的神户牛。

一贯以“品质神话”享誉世界的“日本制造”，站在了信任危机的十字路口。此时回顾这个神话的开始，显得无比重要。

1947年，一位数学博士正在向美国社会迫切地发出关乎质量的呼吁，他的名字叫威廉·爱德华兹·戴明。

美国戴明学会会长、戴明外孙

凯文·爱德华兹·卡希尔

我的外祖父成长的那个年代，生活不易。他学到了合作的理念，合作对于一个团体的重要性，因为当时的人们需要努力赚取食物，使家人填饱肚子。这些经历让他明白，人们必须系统协作。我认为戴明依靠这些经历形成了自己的理论。

世界著名质量管理专家威廉·爱德华兹·戴明

美国戴明学会顾问团主席
凯利·阿兰

——

很多人都有一个误解：质量和生产力或者说生产效率是不能共存的。它们会有矛盾，除非你换一种思维看待它们。戴明认为，大批量生产和质量是完美匹配的，因为保证质量才是提高生产力的正确方法。

按照戴明的理论，如果将质量管理的思维注入所有环节，任何一家企业都可以做到提高质量、节约资源，同时提高生产效率。当1945年第二次世界大战的硝烟散去的时候，戴明甚至兴奋地认为，一场关于质量的革命马上就要到来了。

但奇怪的是，即便到1947年底，有超过三万美国人参加了戴明博士的讲座，戴明却几乎没有感受到哪怕一丝的存在感。

就在郁郁不得志的戴明博士走投无路之际，大洋彼岸一个因战争失败而处在崩溃边缘的国家，正焦急地等待着“救星”的出现。

宇佐市，日本南部的一座小城。

在日本传统的神道教里，这里是大和民族的武神——八幡神的故乡，统领着全日本44000座宇佐八幡神宫。

但是，这里却因另一个让人啼笑皆非的事件而“享誉全球”。

在第二次世界大战后的十余年里，这里如雨后春笋般出现了近百家日本企业的制造工厂。原因很简单——

美国戴明学会会长、戴明外孙

凯文·爱德华兹·卡希尔

——

当时的公司只想盈利，而不追求高质量的产品，因为他们相信消费者根本不需要质量，他们没有竞争者。所以，就像戴明自己说的那样，他觉得他是一个先知，虽然在他的祖国没人愿意追随他。没有人对他真的感兴趣，只有人口统计机构还在应用他的理念，然而他的理念没有被纳入当时的生产管理体系中。

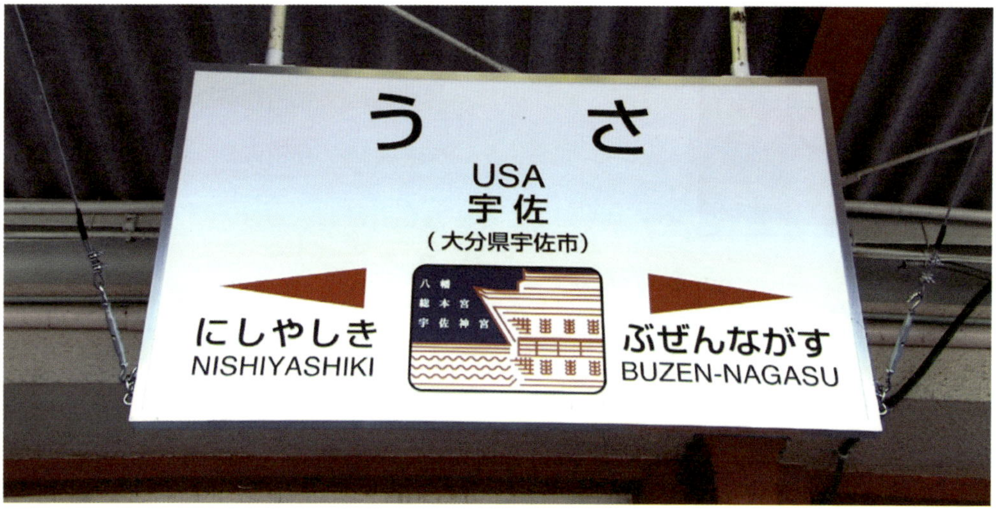

日本宇佐车站的站牌

日本品质管理学会前会长、东京理科大学名誉教授

狩野纪昭

——

现在制造品质量十分好的国家，历史上都遭遇过各种各样的苦难。在那样的情况下，最关键的就是是否有危机意识。国家必须调动起全国人民解决问题的意识和能力。

索尼公司创始人盛田昭夫

企业主们发现，宇佐在英文中写作“USA”，在宇佐制造的产品可以印上“Made in USA”出口海外，让人以为是美国制造。

索尼公司的创始人盛田昭夫在他的回忆录里有过这样的描述：“我们就是仿冒和劣质的代名词，任何印有‘日本制造’的商品都给人留下了质量极差的印象。在创业初期，我们总是把产品上‘日本制造’这行字印得尽可能地小，有一次因为太小了，美国逼着我们把它重新印大。”

在几乎相同的急切甚至绝望中，日本与戴明博士不期而遇。

1950年6月23日，戴明接受日本科技联盟的邀请，前往日本进行为期一周左右的质量管理讲座。

美国是日本的榜样。早在1946年，刚成立的日本科技联盟就开始研究美国二战时期的《生产管理手册》，但三年多来，书中漫天的理论让他们摸不着头脑。把希望寄托于一个货真价实的美国专家，似乎是最后也是唯一的选择。

但是，在招待戴明博士的接风宴上，这位美国专家却发出了另一种忠告：“不要复制美国模式！如果你们能建立质量管理的制度，五年之后，你们的产品将超过美国！”

1950年7月10日，戴明博士在位于东京的日本医药协会大礼堂，开始了为期八天的质量管理讲座。听众除了众多企业管理人员之外，还有政府的高级官员。

戴明博士在日本医药协会大礼堂进行质量管理讲座时的合影

索尼公司质量与环境部副总经理
佐藤裕和

在索尼的生产、检验等各方面，都使用着戴明的质量管理法。通过这种方式，出现问题的时候，就可以比较全面地分析和反馈信息，这样才能制造出高质量的产品。

丰田公司业务品质改善部主查
古谷健夫

戴明博士传授的质量管理，对当时的日本企业来说，是一种新事物，非常新鲜。许多人学习这个理论，并引入“全面质量管理”模式。但从根本上来说，提升产品质量还是需要靠人。

NHK将讲座录音制作成广播节目，数百万日本民众通过无线电波，加入到了这场声势浩大的质量改革运动中。

五年超越美国，“天方夜谭”打动了日本。

结合戴明的理论与本国实际，日本逐渐发展出看板管理、准时制等质量管理方法。这些方法都拥有着同一个思路：质量，应当由人产生，为人服务。

早在1902年，日本丰田公司的创始人丰田佐吉，就发明了一种经过改良的自动纺织机。只要有一根断线，这台织机就会自动停止工作。制造这台机器的初衷，正是为了“让妈妈不再那么辛苦”。

日本与戴明的不期而遇，冥冥之中，或许更是一种不谋而合。

1955年，丰田公司推出皇冠RS车型，首度打入美国市场，并于70年代初在美国取得巨大成功。

1980年，日本的汽车产量超过1100万台，一举击败美国，成为世界第一。美国的年轻人甚至以开丰田车为荣。

日本静冈丰田佐吉纪念馆内景

丰田佐吉发明的改良自动纺织机

③“美国质量”的反思

“日本制造”逐渐登上神坛，一个事实正在击溃美利坚民族的自信心——这个昔日的战败国，竟成了仅次于自己的世界第二大经济国。

当时的美国总统尼克松声称：“与第二次世界大战结束的时候相比，美国遇到了甚至连做梦也想不到的那种挑战。”

这一年的6月24日，NBC电视台选择在电视剧黄金时段播出一部长达90分钟的纪录片。纪录片讲述的是一个连尼克松做梦也想不到的事实：日本经济腾飞的力量，来源于一位在美国备受冷落的学者，而他办公的地方，就在距白宫仅五英里之遥的一个地下室里。

时任美国总统尼克松

这部纪录片的名字，叫《日本能，我们为什么不能？》。

片中这样说道：“日本的成功源于他们求生的本能，现在轮到我们去学习他们的成功经验了……日本能

纪录片《日本能，我们为什么不能？》

做到的我们也能做到！”

片中戴明说道：“我觉得这里的人们在期待一个奇迹，美国企业家总觉得他们能直接复制日本模式——但是他们根本不知道该复制什么。”美国苹果公司联合创始人史蒂夫·乔布斯说道：“美国正处在一个十分艰难的节点上，我认为。我们有太长时间的繁荣了，以至于我们把很多事情想得理所当然——我们忘记了铸造和维持这样的繁荣需要多少心血。这不是因为日本耍什么花招，或者日本人比我们聪明，这是因为我们的计划过时了，我们的战略过时了，我们的制造业落后了。但是，没有什么是不可以被改正的。”

1983年9月，首届美国生产力会议在白宫召开，出席会议的有美国生产力与质量协会会长格雷森、质量管理大师约瑟夫·朱兰、商务部部长马尔科姆·波多里奇、副总统老乔治·布什以及美国总统罗纳德·里根。

格雷森

约瑟夫·朱兰

马尔科姆·波多里奇

会议探讨的议题只有一个：美国政府能主动为全国的质量振兴做些什么？

几经争执，答案的线索还是回到了日本身上。

1951年，日本科技联盟用戴明捐赠的讲座稿酬设立了世界上第一个国家质量奖——戴明奖，用以表彰在质量管理方面取得重大成就的企业或个人。

以戴明奖为蓝本，1987年8月20日，美国第100–107号公共法案，由总统里根签署生效。为纪念法案起草人、因意外逝世的时任商务部长马尔科姆·波多里奇，里根亲自将法案命名为《马尔科姆·波多里奇国家质量促进法》。

根据法案，美国政府设立了国家质量奖，美国国家标准与技术研究院组织评选活动，而负责颁奖的是这个国家最高级别的官员——总统、副总统，以及商务部长。

多年后，时任美国总统贝拉克·奥巴马说："我总是说，我们的自由市场是推动世界繁荣的引擎，这台引擎由我们的梦想家、敢于冒险者与发明家所驱动，因此我十分乐意参与表彰本年度杰出的波多里奇奖得主。"

截至2015年底，美国已经有109家企业、机构获得波多里奇国家质量奖，更有数

日本质量奖——戴明奖

美国质量奖——波多里奇奖

美国波多里奇卓越绩效项目主管
罗伯特·方迈耶

波多里奇国家质量奖是一项总统奖。由美国总统或者副总统颁发，这非常重要。提高美国企业的质量和生产力是当时美国的头等大事，既然是国家的头等大事，这个国家政府的最高领导就应该重视，并且参与。

以万计的企业运用波多里奇奖的评定标准来改进质量。直到今天，这样的质量改革运动仍然有着一个响亮的名字——“追求卓越”。

当然，获益的不只是美国。在国与国竞争的沙场之中，昔日领先者的再次领先往往会被视作争相模仿的典范。

1992年，欧盟尚未正式成立，欧洲质量奖已悄然诞生。同年，印度和巴西设立国家质量奖。1996年，刚踏入市场经济时代的俄罗斯设立政府质量奖，由副总理担任授奖委员会主席。

由此可以看出，无论先进还是落后，无论大国还是小国，质量的促进和振兴几乎无一例外地被视为迈向强国之路的国家战略。

④“中国质量”的起步

2013年12月24日，第一届中国质量奖颁奖典礼在北京举行。中国航天科技集团、海尔集团，以及中国工程院院士刘源张，接过了这份代表着中国质量领域最高荣誉的证书。

虽然还未引起社会企业的足够重视和关注，但至少，这份国家级质量奖的出现，证明着中国终于也坚定不移地踏上了通往质量强国的道路。然而，中国质量奖为什么姗姗

第一届中国质量奖颁奖典礼现场

北京清河毛纺厂旧址

来迟？中国的质量战略又是从哪里起步的呢？

1977年6月的一天，北京清河毛纺厂，气氛显得有些尴尬。

“中国质量之父”刘源张

一个质量问题难住了厂长和工人们——本该颜色一致的的确良面料，出现了一道深一道浅的横道子。用这样的面料，一件合格的衣服都做不出来。

对此，各个车间的主任都认为自己的工作正确无误，连提供原料的化纤厂也坚决说：“贵厂的质量问题，绝不可能是本厂造成的。”来来回回几番盘查，竟然一无所获。

此时，一名默默无闻的工人，竟然毛遂自荐。

这名戴着眼镜并未受到厂长关注的工人，正是36年后获得中国质量奖的先进个人，被誉为“中国质量之父”的刘源张。

1950年，25岁的刘源张从日本京都大学经济系毕业，这一年，是日本的质量元年。六年后，应钱学森先生的邀请，刘源张离开了他的老师——日本质量管理大师石川馨，辗转返回祖国。

在长达十年的时间里，这位“海归”博士一直住在工厂，白天下车间，晚上给值班的厂长、书记、工人们上课，教授的内容就是质量管理。

让刘源张博士倍感欣慰的是，在他与众多企业的共同努力下，质量管理渐渐在中国打开了局面。

1958年5月7日，《人民日报》在头版重点介绍了一种名为“两参一改三结合”的企业管理方法。

“两参”，指的是干部参加生产劳动，工人参加企业管理；“一改”，是改革企业中不合理的规章制度；而“三结合”，就是企业领导干部、技术人员、工人三结合的工作原则。

这三条法则，日后被称为“鞍钢宪法”。

但遗憾的是，十年“文革”切断了“两参一改三结

中国科学院数学与系统科学研究院党委书记

汪寿阳

——

他一年可能有差不多300天左右的时间，是在工矿企业，和工人、技术人员、厂长一块解决他们产品的问题、质量的问题。大家都认为刘源张先生就是他们的普通工人，就是他们的车间主任，就是他们企业的高级顾问。

“鞍钢宪法”

合”在中国的薪火相传。

虽然是以质量管理专家的身份进入了清河毛纺厂，但从1976年开始，一年多时间里，刘源张更多的是在跟班劳动，他的“全面质量管理”也没有受到厂长和主任们足够的重视。

此时，一个致命的质量问题反倒成了一次契机。

1977年，刘源张在清河毛纺厂建立了中国第一个QC小组，即质量管理小组。通过对每一道工序的排查和对近三年上万项的数据分析，一个多月后，刘源张和QC小组锁定了目标。

问题出在细纱的重量上。一旦细纱重量的不均匀率和标准的偏差小于某一数值，颜色不均的横道子自然就消失了。

刘源张在清河毛纺厂建立中国第一个QC小组

中国质量万里行促进会原副会长

郭若虚

——

在日本质量界、日本经济界，“两参一改三结合”的做法影响很大。在组织和推行日本的QC（质量管理）的时候，石川馨先生就说，日本的QC（质量管理）小组就借鉴了中国的“两参一改三结合”的做法。

原国务院参事、国际质量科学院院士

郎志正

——

通过这样的方式，也就是质量管理小组的方式，来解决这个问题。后来就成立了质量管理协会，来推动质量教育，推动质量管理小组活动。最热闹的时候，我们开全国质量管理小组会，有3000人参与。

在刘源张的积极呼吁下，1978年8月31日，第一届全国“质量月”活动正式启动，李先念等七位副总理出席启动仪式，中央人民广播电台面向全国直播。

“以生产次品为耻，以生产合格品为荣”和“质量第一”的口号，被贴在了数以万计的工厂最醒目的位置。

然而，或许是因为改革开放激发出的从未有过的市场活力，当大部分人开始享受发展速度带来的收益时，专注于发展质量，似乎成了不合时宜。

质量的缔造，质量意识在全民族的觉醒，需要的是时间。而时间，在中国，是稀缺品。

2001年，中国加入世界贸易组织，“中国制造”顷刻间遍布全球。同时，也有部分中国产品接过了“劣质产品”代名词的称号。

2008年，三鹿奶粉事件曝光。至今，质量安全仍然是老百姓热议的话题。

2010年，中国成为世界第二大经济体，质量问题也让超过30%的出口企业成为贸易壁垒的受害者。

国际质量管理大师约瑟夫·朱兰曾有过一句著名的话：“20世纪是生产率的世纪，21世纪则是质量的世纪，质量将成为和平占有市场最有效的武器。”

中国工程院院士、上海交通大学校长
林忠钦

应该讲，质量问题，任何时候都重视，只是把它的次序放在一个什么位置。特别在计划经济时候，不是这么突出。到市场经济以后，生产规模的快速膨胀，质量问题就更加突出了。

联合国贸易和发展会议副秘书长
乔金·雷特

如果忽视质量，可能会逐渐滑入更低的市场环节。如果想获得更高的利润，你需要开始更加重视质量。也就是说，这样的提升并不容易，特别是对发展中国家而言。

原国家质量技术监督检验检疫总局党组书记、副局长，中国科学院党组副书记、副院长

侯建国

——

纵观世界发展历史，美国、德国、日本等发达国家的崛起，走的都是一条质量强国的道路，20世纪60年代以来，世界上有100多个中等收入的经济体，最后只有十几个国家成功迈入高收入国家的行列。而这些成功的国家都是在经历了长时间的经济高速增长之后，实现了经济发展的从量的扩张到质的提高这样一个转变。

2017年10月18日，党的十九大召开，“质量第一”和“质量强国”被写进了党的十九大报告。

12月18日，在中央经济工作会议上，习近平总书记强调，“要推进中国制造向中国创造转变，中国速度向中国质量转变，制造大国向制造强国转变”。

高质量正在成为中国经济发展新的方向。

质量强，则国家强；质量兴，则民族兴!

今天，在近3000个细分行业中，处于全球领先地位的企业有将近一半来自德国，凭借耐用和可靠性，“德国制造”依然是当之无愧的“隐形冠军”。

在高新技术和电子产品领域，“日本制造”的金字招牌魅力依旧，由日本创造的精益生产模式也仍然独树一帜。

即便经历了2008年的金融危机，以知识密集型企业为特色的“美国制造”依然占据半壁江山。

那么，作为一个举世瞩目的大国，中国，要如何加快步伐迈入质量时代呢?

第二章

强国之基

❶ 秦统一的秘密：度量衡

公元前260年，长平谷地，当秦军的五千步兵手持拥有“弹头箭镞”的弩机出现在赵军后方时，赵国的最后一搏已经可以宣告失败了。

身披重甲、强行突围的赵军主帅赵括，最终也被秦军的箭镞刺穿了胸膛。长平之战，震惊山东六国。赵国从此一蹶不振，其他诸侯再也没有任何力量能够阻挡秦一统中

秦青铜箭镞（战国） 现藏于陕西西安秦始皇陵博物院

商鞅铜方升（战国） 现藏于上海博物馆

国的脚步。

仅仅一百多年前，秦国还是个发迹于为天子牧马、崛起于戎狄之间的“蛮荒之国”。

开启这一转变的，是商鞅主导的变法。变法中一条重要的举措，就是统一度量衡。而秦国真正独特的地方，就在于利用度量衡演变出一套完整的质量制度。

秦始皇兵马俑坑出土的秦国箭镞，拥有一种近乎完美的流线型，非常接近今天子弹的形状。不可思议的是，兵马俑坑出土的四万余件箭镞，虽然产自不同工坊，但这些箭头底边的宽度，两两相较，误差最多不超过0.83毫米。

这样的质量，今天的人们看到也难免会惊叹。而当年的六国士兵可能连惊叹的机会都没有。秦国用事实来证明，度量衡不仅仅是公平交易的一杆秤、一把尺子，当它为制造业所利用时，它甚至可以成为一个国家的质量基石。

工程浩大的秦长城、气势恢宏的兵马俑，以及至今仍在发挥作用的都江堰和灵渠，这些工程奇迹都在向人们昭示着那个曾经超越时代的帝国的质量。

今天，度量衡为秦国带来的一整套质量体系，有了一个明确的定义——国家质量基础。

2006年，联合国工业发展组织和国际标准化组织正式提出**“计量、标准、合格评定共同构成国家质量基础，是未来经济可持续发展的三大支柱”**。

历史已经无数次证明，质量强国之路的第一步，就是夯实基础。曾几何时，这只是个别决策者独具慧眼的选择。当19世纪的科学革命爆发之后，国家质量基础成为每个大国必须重视的课题。

陕西西安秦始皇陵内景

❷ 米制的诞生

1791年，巴黎，法国科学院。

门外，大革命的狂热正在不断发酵，但科学院内，却异常安静。孔多塞、拉格朗日、拉瓦锡等法国最杰出的学者们聚集在一起，策划着另一场革命。

启蒙思想的核心，是摒弃宗教神话和专制皇权，以科学和理性为基点，构建一个完

法国科学院 法国巴黎

国际计量局局长
马丁·米尔顿

——

18世纪，在法国大革命前，各个城镇衡量长度、质量的单位都互不相同，他们可以利用这个标准偏袒本地商人，在与其他城镇的竞争中获利。

美的社会。这些人决定要为“完美的社会”提供一个基点，创立一套科学的计量体系。

计量，古称度量衡。

由于它对人类的生存和发展太过重要，以至于从诞生之日起，它就成为了正义与权力的象征，掌权就意味着有权决定度量衡的定义。

在12世纪的英格兰，一码的长度被定义为国王伸展手臂时从鼻尖到拇指尖的长度。随后，亨利七世却将一码改为自己手臂的长度。而伊丽莎白一世出于不愿落后于男性先王的心理，又在此之上多加了几英寸，重新定义了一码。

英国已经如此混乱，法国却有过之而无不及。

18世纪初，法国的资本主义已有相当程度的发展。在里昂、奥尔良、阿尔萨斯–洛林等，出现了大量的手

国际计量局首席物理学家
理查德·戴维斯

——

这是国际计量局从1889年开始投入使用的标准米原器的仿制品。国际计量局的第一项任务就是在原有米原器的基础上，研制新的米原器。它的设计与材料都不同于以往。这是旧的米原器的复制品，这个复制品是由铝制成的。

工工场，雇佣千名以上工人的工场也不算罕见。

然而，刚刚兴起的资本主义工商业，很快就感受到了桎梏的存在。

这一次，孔多塞等人将要做的是彻底颠覆计量历史的一件事。从此，计量单位不再受制于人体部位，或是帝王们的虚荣自负，而将取决于一种永恒不变的事物。他们选择了地球。

1791年，法国度量衡改革委员会建议，在经过巴黎的子午线上，取赤道到北极的一千万分之一作为长度基本单位，将其定义为“米”，并以此推导出面积、体积和重量单位。这种制度完全以“米”为基础，因此得名“米制”。

正是这块米原器，引领了米制的推广，让人类受益至今。有史以来第一次，人们根据一种基本且普遍的事物定义了计量单位。即使是当时风光无限的拿破仑，提及此事也

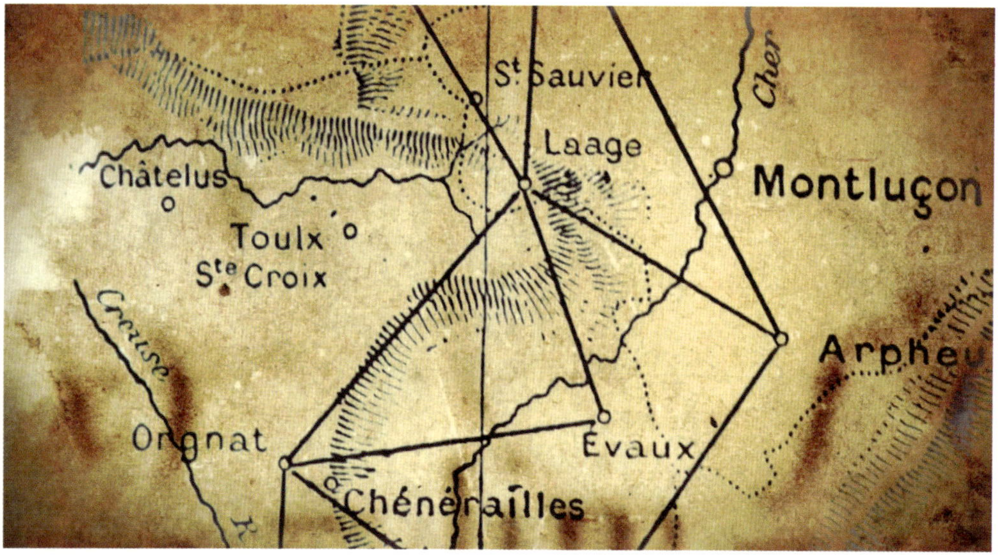

“米制”的定义（绘图）

米尺（19世纪） 法国巴黎

《国际米制公约》 法国巴黎国际计量局

各国签署《国际米制公约》时有关人士的合影

谦逊地说：“武功易朽，但此事功在千秋。”

1799年，拿破仑发动雾月政变，接掌法国。之后，他不仅在国内极力推行米制，更将米制带到了他剑锋所指的每一块土地上。

米制，第一次走向了世界。当然，真正让米制走向世界的并不是暴力，而是它自身的优越性。

要让人们意识到这点，还要几十年的时间。

1875年5月20日，《国际米制公约》正式签署。英、法、德、美、俄等17个国家按照公约及有关附件的条文，决定在法国巴黎建立国际计量局，并明确其任务是“为了实现世界范围内的测量一致性，建立新的米制标准，保持国际标准原器，并进行必要的比对”。

《国际米制公约》的签订，标志着国家质量基础进入了全新的时代——一个依托于科学的时代。从此，国家质量基础将成为工业时代新的发展动力。

国际计量局局长

马丁·米尔顿

自1875年起，国际计量局就致力于建立一种计量制度，令所有人在任何时候都能够使用。我们希望通过这个体系，在全球促进质量的提升。所以我们与其他国际组织合作，将这一合作推广国家质量基础建设的推广简称为“质量基础建设”。

③ 西门子与“德国制造”的崛起

1872年，德意志统一后的第二年。56岁的维尔纳·西门子开始了一次“不务正业”的奔走。

这位成功的商人，突然开始关心教育文化部的工作。他向政府提议，购买一批精密的测量仪器，并出资帮助建立一所纯粹的学术研究机构，进行精准计量和基础科学的研究。

“一个国家如果不能走在基础科学的最前沿，那么这个国家的工业将不可能达到或者保持国际领先的地位。”

西门子创始人
维尔纳·冯·西门子

从1872年上书教育文化部开始，西门子在自己的备忘录和写给德国政府的建议中，反复强调这一观点。

当英、美等国纷纷意识到基础科学的重要性，并且利用其服务于经济时，西门子发现，德国的科学天才们还在为了大学里的教书任务绞尽脑汁。

和他一同忧虑着德国未来的，还有另外几位最顶尖

维尔纳·西门子为度量奔走（绘图）

德国联邦物理技术研究院副院长

罗曼·施瓦茨

——

赫尔曼·冯·亥姆霍兹是一位很有影响力且令世人敬仰的科学家，维尔纳·冯·西门子则更专注于工业领域。他们两人的观点是，优质的产品开发与精准的计量密切相关。因此，亥姆霍兹希望给科学家们自由，除了在大学里教学之外，还能有足够的经费和人力资源，在专门的研究机构中从事计量方面的研究工作。

德国柏林工业大学教授

沃尔夫冈·柯尼希

——

在工业刚刚起步的时候，一切都依靠模仿，不论是铁路，还是钢铁工业，其实所有的公司都是从模仿起家的。问题在于，多快能走出单纯地伪造和仿制，独立生产出高质量的产品。

的德国科学家，其中包括赫赫有名的赫尔曼·冯·亥姆霍兹。

然而，一封封慷慨激昂的建议书，却全部石沉大海。此时的德国，还没有尝到质量基础缺失的苦果。

1866年，西门子制造的发电机带领人类步入电气时代，由他创办的西门子公司也成为电气时代最成功的企业之一。

在烈火烹油般的繁荣之下，西门子对未来充满了忧虑，不仅是对公司的未来，更是对德国的未来。

30年来，德国飞速发展的秘诀，只是摘英国和法国的“果子”。

不论是靠大规模山寨、甚至窃取技术起家的制造业，还是西门子公司这样的创新型企业，大都依靠国外的科研成果。

作为德国最大电气公司的掌门人，维尔纳·西门子虽然意识到了问题所在，却根本无力负担精准计量和基础科学研究所需要的巨大投入。

“一个用自己的力量和智慧在文明民族中得到优越地位的国家，假如它还想保持既得地位，那么就不应该把解决科学根本问题的责任推到其他国家或个人的头上去，因为这将是它的耻辱。”

当德国质量因为基础科学的薄弱而蒙羞时，西门子最重要的支持者——亥姆霍兹对德国政府发出了这样一番责问。

在科学界和企业界的共同帮助下，西门子尽心竭力15年的奔走终于有了结果。在“德国制造”诞生的1887年，帝国物理技术研究所，也就是今天德国联邦物理技术研究院，正式成立。

西门子不仅提供了50万马克的启动资金，还捐出了这片位于柏林郊外的私人领地，作为研究所的办公地点，由亥姆霍兹担任第一任所长。

当然，这并不是帝国物理技术研究所唯一的任务，因为它被寄予了更多希望。在西门子眼中，它是提升德国工业整体竞争力的前提；在德国皇帝的眼中，它是德意志帝国

德国联邦物理技术研究院

德国联邦物理技术研究院院长
约阿希姆·乌尔里希

——

当时的工业界对精准测量有很大兴趣，尤其在电气技术方面。西门子清晰地认识到建立一个国立机构很有必要。当时维尔纳·冯·西门子需要测量电气变量，例如照明强度，这是当时帝国物理技术研究所的任务。

与英国、法国和美国一较高下的法宝。

从创立之日起，德国政府就不惜巨资，为研究所购置全世界最精密的仪器设备。而研究所则通过制定新标准、测试新产品，帮助德国站在基础科学和应用科学的最前沿，从而保证了“德国制造”的品质。

直到今天，作为德国的国家计量院，这里仍然是德国最重要的基础科学研究机构之一。

从前的基础科学，奠定着未来的德国质量。

④ 风筝："英国质量"的代名词

"今天，英国的卷钢横梁全部都是从比利时和德国进口的。英国的工程师经常向英国厂商定制一些特殊且没有经济价值的钢材型号，英国钢铁厂大规模的生产根本不可能进行下去……"

1895年，一位名叫哈利·斯科尔顿的英国钢铁商人给《泰晤士报》写了这封信。在信中，他无奈地控诉着英国钢铁行业艰难的生存境况。

哈利·斯科尔顿给《泰晤士报》写信控诉（绘图）

英国钢铁商人聚在一起讨论出路（绘图）

国家质量基础设施的建设，让德国人成为了第二次工业革命的佼佼者。此时的英国，却陷入了一场噩梦。

英国标准协会全球标准部总裁
斯科特·斯蒂德曼

1901年的时候，他们创立了一个名为工程标准委员会的组织。他们将专家聚集在一起，涵盖了土木工程、机械工程以及其他领域，一起探讨如何合理化、简约化人们使用的工业产品，进而鼓励良性竞争，促进产业的创新和发展。

从1886年起，英国世界第一产钢大国的地位已被德国、美国超越，屈居第三，英国本土的钢铁市场也已经沦为“德国制造”的拥趸。

昨日的辉煌仿佛南柯一梦，曾经支撑起日不落帝国的钢铁产业如今却岌岌可危。斯科尔顿的控诉，激发了所有英国钢铁商人的强烈共鸣。他们聚在一起，开始为英国制造寻找出路。

英国工程标准委员会是世界上第一所全国性的标准化机构。自其诞生，规模化生产高质量钢材在英国成为了可能。

在工程标准委员会的主导下，英国的结构钢生产规

英国标准协会测试项目经理
马克·梅奥

这是英国标准协会总部，是一栋非常重要的建筑，不仅因为我们在这里测试产品能否达到风筝标志的标准，与此同时，我们也欢迎世界各地的人们前来，为他们的生产设施做测评，以保证被检测样品的生产过程也符合正确的质量标准。

格从175种减少至113种，电车轨道的轨距分类更是从75种锐减到5种。

自此，英国的钢铁商人们不用再为工程师的个人喜好而不断更换设备，只需要生产符合标准的钢材，便可打破行业的隔阂。质量基础的不断完善，激发着更高质量的钢铁生产。在符合工程标准委员会标准的钢轨上，英国制造商们可以印上一枚风筝标志，以示区分。这枚风筝虽然没有让英国的钢铁产量再次暴涨，却为商人们找到了一条以质取胜的道路。

今天，由英国工程标准委员会演变而来的英国标准协会，是全世界最权威的合格性评定机构之一。英国政

原国家质量监督检验检疫总局党组副书记、副局长
梅克保
——
我们讲的国家质量技术基础，主要是讲计量、标准、检验检测和认证认可四个方面的内容。这四大要素就像一个汽车的四个轮子，不可分割也不可替代，是相互作用相互支撑的。计量是控制质量的一个基础，标准是引领质量提升的一个规范，检验检测是衡量质量的水平，认证认可是对质量的一种认证。

府一直为其提供财政支持，英国皇室甚至对其授予过皇家宪章。

随着市场上消费品的日渐增多，这枚小风筝也飞出了钢铁行业，飞入了各行各业。它让消费者有了一目了然的质量判别标准，也让产品本身的质量与规模化生产获得了保障。

根据权威调查显示，超过90%的英国公众认为风筝标志代表着质量与安全，接近70%的公众表示愿意花更多的钱购买带有风筝标志的产品。

从英国标准协会和风筝标志开始，作为国家质量基础的组成部分，检验、检测、认证对产品质量的基础作用逐渐被各国社会和市场所认可。

风筝标志实验室　英国伦敦

⑤ 门捷列夫与“俄国质量”基础

得益于雄厚的国家质量基础，英、美、法、德开始了电气时代的狂飙突进。与此同时，邻近的俄国却仍是一个只能靠出卖自然资源并回购工业制成品度日的二流国家。

1890年，年近六旬的门捷列夫离开了圣彼得堡大学这个他工作了33年的地方。随即，他出任国家标准度量衡贮存库库长。这个职位，似乎与他的前半生毫无关系。

门捷列夫

清华大学科学技术与社会研究所副教授

鲍鸥

——

俄罗斯虽然是签约国家，可是在实施过程当中，需要落实到不同的部门。比如说，商业部是一个标准，海军部是一个标准，矿产委员会又采取一套标准。他们是朝着标准化来做，但是在国家之内却没有一个统一的标准。

谁都没有想到，正是这个职位，不仅改变了门捷列夫的人生轨迹，也改变了俄罗斯的未来。

在一次例行考察中，门捷列夫发现，虽然俄罗斯是《国际米制公约》的缔约国，却根本没有执行，依旧在使用原有的俄制。而且，即便是名义上统一的俄制，在不同地区也出入极大。

这些乱象让门捷列夫痛心疾首，但幸好，这位发现者是门捷列夫。

事实上，作为一名享誉世界的化学家，门捷列夫最热爱的也许并不是化学，而是养育了他的俄罗斯。为了

门捷列夫博物馆

帮助祖国走向富强，他曾在工程学、农学、气象学，甚至经济学等多个领域著书立说，在所有的著作中，化学仅占三分之一。

然而，如果这个国家连可靠的质量基础都没有，那这些著作都无异于空中楼阁。

回到圣彼得堡后，门捷列夫立即建议财政部，将原标准度量衡贮存库改组为度量衡总局，同时建立一套完整的检查系统，交由总局全权管辖。

有趣的是，在建议中，并没有太多的科学术语。门捷列夫写给官员们的理由是**“统一度量衡和统一货币一样重要”**。

1893年，门捷列夫的申请被批准了，从7月1日起他被任命为度量衡总局局长。随后，门捷列夫开始重新制作俄罗斯的计量原器。

在门捷列夫近乎疯狂的努力下，仅仅六年之后，俄罗斯度量衡的精确度就达到了先进国家需用15到20年才

俄罗斯圣彼得堡大学门捷列夫博物馆馆长

伊戈尔·德米特里耶夫

——

门捷列夫同时参与了许多很重要的工作，他提出了社会经济计划，这个计划的核心是发展独立的民族工业。所以，门捷列夫是属于全世界的，但门捷列夫更是属于俄罗斯的。

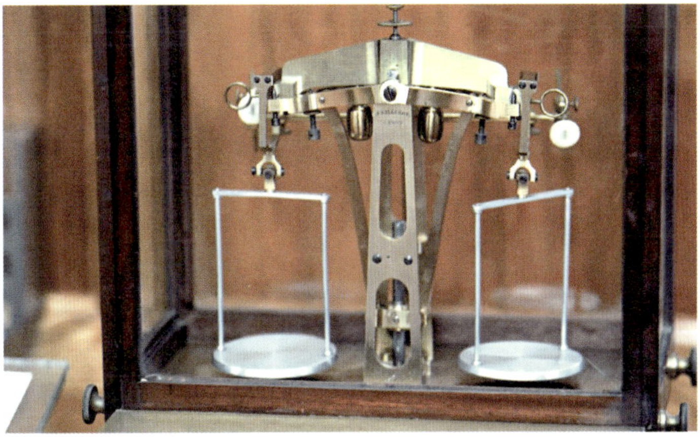

俄罗斯度量衡器 现藏于俄罗斯门捷列夫博物馆

能达到的水平。

1907年2月2日，俄罗斯度量衡总局局长门捷列夫因心肌梗塞与世长辞。那一天，距离他的73岁生日只有6天。人们手举元素周期表，自发走上街头，悼念他的逝去。化学给他带来了太过耀眼的光辉，以至于很长一段时间内，并没有人在意他的后半生究竟为俄罗斯人民做了些什么。

1917年，十月革命爆发，苏维埃俄国成立。站在门捷列夫肩膀上的苏维埃俄国，迅速成长为世界工业强国。

1945年，为了纪念门捷列夫为俄罗斯国家质量基础所做出的巨大贡献，曾由他主导建设的度量衡总局正式改名为全苏门捷列夫计量科学研究院，也就是今天的俄罗斯国家计量院。

联合国工业发展组织贸易能力建设司司长

贝尔纳多・卡萨迪利亚–萨米恩托

——

一个国家的质量基础系统是由几个不同的层面组成的：第一个层面是政策，第二个层面是公共机构，其次是公共服务，最后是企业。在政策层面上，需要出台有效的质量建设政策，需要有相应的管理框架，还需要有计量、标准化以及认证认可方面的机构。这些都是质量基础系统的基础机构与要素。

俄罗斯国家计量院　俄罗斯圣彼得堡

❻ 巴尔的摩大火与《质量振兴法案》

今天，国家质量基础建设已经是发达国家的重要战略之一。但在1875年，当17个国家满怀热情地签署了《国际米制公约》，希望在世界范围内达成计量统一之后，并没有几个国家能够彻底执行。不同的计量体系造成的混乱仍在继续。城市与城市之间，甚至工厂与工厂之间，标准与量具都有所不同。这，最终在美国酿成了恶果。

1904年2月7日，美国巴尔的摩市，一个布料仓库突然火光冲天。起火后，偏偏又

巴尔的摩大火现场

巴尔的摩大火现场

美国马里兰大学消防工程学教授
肯尼斯·伊斯曼

当消防员赶到巴尔的摩时，他们发现他们的软管无法与当地的消防栓匹配。这是因为各地的人们用着各自的器械，并作为城市的惯例去推广使用，最后就有了各种不同型号的软管接头。很多城市只是意识到，的确与周围其他城市的标准不同，但是只能继续这样用下去，因为更换设备要花太多的钱。

刮起了大风，火势迅速在整个城区蔓延。

当地消防设施和人手告急，立即向邻近的城市求援。

当华盛顿和纽约的消防队飞速赶到现场时，他们却只能眼睁睁地看着火光与浓烟将城市吞噬。

这些传统意义上质量合格的消防器械，一瞬间都变成了废品。失控的大火肆虐了两天，烧毁建筑物2500余座，损失超过一亿美元。

早在1872年，巴尔的摩大火发生的32年前，国际消防工程师协会就曾建议美国统一消防软管接头螺纹，但他们没能说服任何管理者。

血的代价，让刚刚建立不久的美国国家标准局开始着手设立更优秀的标准体系。他们意识到，质量基础的

当年的美国国家标准局

完善，不只为了一座座分离的城市，更是为了作为一个整体而存在的国家。国家质量基础的重要性，丝毫不亚于产品质量本身。

1987年8月20日，美国《质量振兴法案》正式颁布，当这个国家对质量的重视成为历史上被大书特书的一笔时，后人却忽略了，《质量振兴法案》推动的11个项目中，有6项被安置在美国国家标准与技术研究院中，美国波多里奇国家质量奖的评奖委员会也设立于此。

美国国家标准与技术研究院的前身，正是当年的美国国家标准局。如今，它不仅是美国的国家计量院，更是综合了计量、标准、检测技术研究的国家质量基础研究机构。

科学进步所带来的是一次次崭新的质量竞争。国家质量基础也正随着质量范畴的发展而不断扩大它的领地。

❼ 新中国计量体系的起步

从19世纪末开始，英、美、德、法等国的商品开始源源不断地被运往中国。当西方商品依靠远低于中国手工产品的价格和毫不逊色甚至更加优秀的质量，摧枯拉朽般侵占中国市场之时，中国的制造业才在夹缝中蹒跚起步。

“洋车”“洋铁”“洋袜”“洋火”“洋油”“洋蜡”……这些贯穿了中国近现代民生的词语，既是一个时代转变的印记，也是一个时代无奈的叹息。

1908年，清政府拟定重新统一度量衡，同时商请国际计量局制造铂铱合金原器和镍钢合金副原器。次年，计量原器制成并运回中国。之后，民国政府也规定采用万国公制，即米制。

然而，由于动荡的局势和沿袭千年的尺、斤等计量单位在民间的强大生命力，米制始终没有在中国彻底落实。

这个问题，最终留给了新中国。

1950年10月19日，中国人民志愿军跨过鸭绿江，赶赴朝鲜战场。六天后，抗美援朝战争正式打响。

随着志愿军英勇奋战的故事一同传回国内的，还有一个尴尬的消息。志愿军所用的野战炮，炸膛事故频发。对本就艰苦的战斗来说，这无疑是雪上加霜。

大不列颠帝国标准磅　现藏于中国计量科学研究院

一次次炸膛事故，让人们意识到一个严峻的现实——没有完善的国家质量基础，这个国家的国防安全将没有丝毫保障。

但此时的新中国计量机构中，只有民国政府留下的一些残缺不全的标准器，计量工作更无统一、准确可言。

此时，在重工业部任职的钟林，担负起了历史的责任。

抗美援朝战争结束后，1955年1月，中国国家计量局成立。同年，中国计量科学研究院建院，钟林担任

中国计量科学研究院实验工厂工程师、钟林夫人
孙东明

——

1952年朝鲜战争时期，中国的炮弹是这一家，炮筒是那一家，炮弹装不进去。这不是危险吗？彭老总就着急了，打电报给毛主席，说战场上面炮弹装不进去怎么办。后来毛主席就找了李富春，李富春就找了钟林，成立了计量检定所，在中国一百个工厂成立计量室，拿量块来统一全国的尺寸，这样炮弹做出来才能放进炮筒，才能够打仗。

原国家计量局长度处精测室主任
李慎安

最明显的就是在制造原子弹跟制造氢弹中间，这些零件里边应该怎么检测这个问题。我觉得如果我不在那儿我都不知道他们会怎么办。要引起核聚变，要求是比较高的。用什么仪器，准确度应该是多高的，数据应该怎么处理，然后才能判断合格不合格，不合格偏差了多少，重新做一个应该怎么调，最后保证了氢弹的实验成功。

首任院长。从此，新中国的计量体系正式上路。

1953年，围绕测长、测温、测力工作的需要，中国开始从苏联和民主德国购买了一批近现代的精密测量仪器。在外国专家的帮助下，中国人迈开了追赶的步伐。

从1949年的几乎零起步，短短几年时间里，建立机构，培养人才，中国在军事、工业领域迅速推进国家质量基础的建设，从而解决了质量问题。

事实上，与早期的英、美、德、法等国相比，中国国家质量基础的发展条件已然具备了巨大的优势。

正如邓小平所说：**“如果60年代以来中国没有原子弹、氢弹，没有发射卫星，中国就不能叫有重要影**

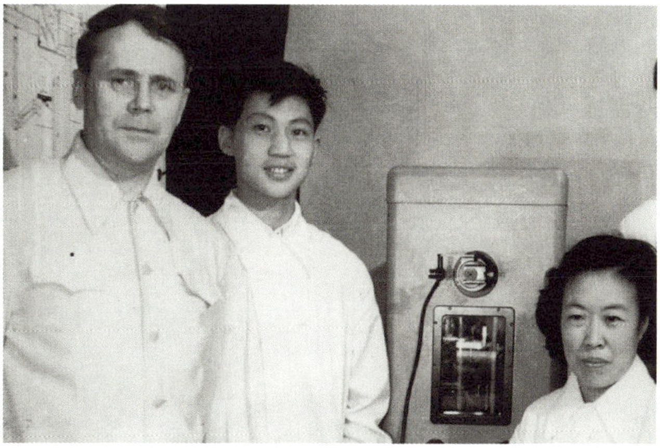

钟林（左二）

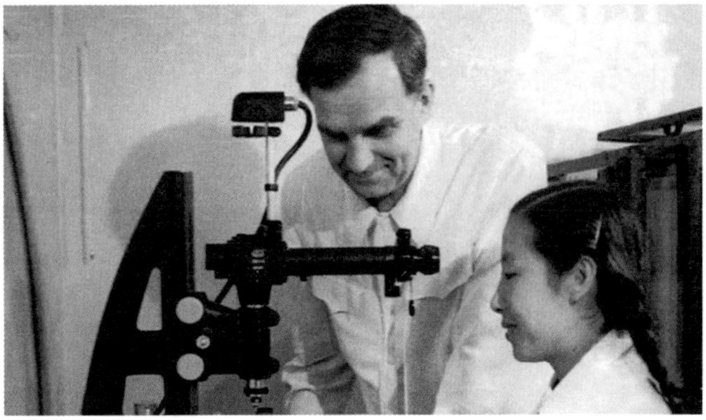

在外国专家的帮助下，中国研究员学习精密测量仪器的使用。

响的大国，就没有现在这样的国际地位。”

从一穷二白，连合格的炮弹都无法生产，到将人造卫星成功送入太空，再到拥有完整的工业体系。中国，用短短几十年的时间书写了属于自己的奇迹。

在奇迹的背后，有一大批人在默默地为它铺垫着基石。

2018年年底，中国存量法定国家计量基准177项，基于国家计量基准的1517项国家校准测量能力得到国际认可，位居亚洲第一，世界第四；同时积极参与国际标准的制定，产品国际标准采标率超过80%，国家质量基础设施取得了跨越式发展。

正是这些看似远离人们生活的冰冷数字，让北斗卫星导航系统的精度做到米秒不差，保证了一次次中国航天火箭发射的成功，让4G和5G电信网络的传输更加快速、可靠，也实现了中国高铁在不断提速的同时更加平稳、舒适……

这些，都是中国的强国之基。

不过，尽管中国国家质量基础的建设已经初见成效，但是与世界上的制造强国、质量强国相比，仍显薄弱。

《新中国计量史》总编撰

陆志方

——

我们加入WTO的时候，首先要解决测量技术的国际互认的问题，没有这个互认，很多产品交易就成了问题。人家之所以相信你的产品质量，就是因为知道你的（产品）有计量的支撑。

中国计量科学研究院院长

方向

——

我们已经是经济大国了，但是我们还不是强国。质量强国战略，其实这个战略里头最根本的一条，就是如何提高国家质量技术基础的能力，提高它的水平，而且要让它具有持续创新、持续提升的能力和氛围。我觉得这才是一个有生命力的战略，才是一个可以预期的战略。

身处不同国家，使用着不同方法，操作着不同仪器的专家们，已经攻克了最后一道难题。随着量子力学的发展，从20世纪80年代起，计量科学掀开了计量单位量子化的序幕。在随后的30年间，7个基本计量单位先后被科学家们完成了量子化。

尽管这些精准的数字对于当今大多数产品的质量都显得高不可攀，可是质量基础建设从来都是立足当下、着眼未来。

2017年9月5日，中共中央、国务院发布了《关于开展质量提升行动的指导意见》，“夯实国家质量基础设施，加快国家质量基础设施体系建设”成为文件的关键内容之一。

10天后，第二届中国质量大会在上海开幕，习近平总书记致信祝贺并殷切希望“推动质量基础设施互联互通，通过提高质量不断促进经济发展、民生改善，为各国人民实现对美好生活的向往做出贡献”。

我们已然进入质量时代。国家质量基础，将是每一个渴望成为质量强国的国家都必须重视的课题。它不仅决定了一个国家科技发展的上限，也保障着一个国家人民生活安全的底线。

当然，对于一个大国而言，它意味着更多……

第三章

天下规则

❶ 不止是女神，更是科学家

1940年夏，洛杉矶比弗利山庄的一座公寓里，每天都充斥着杂乱的器乐合奏声。不过，没有人会为此大惊小怪。

因为，公寓的主人，名叫海蒂·拉玛。

八年前，凭借电影《神魂颠倒》，18岁的海蒂成为世界上首位全裸出镜的明星。有摄影师给她拍照后感叹："**这是我所拍摄过的最美丽的生物。**"

但此时此刻，这名好莱坞当红女星，却在进行一项科学研究。

电波信号在战争中有一决生死的功效。第二次世界大战初期，凭借强大的U型潜艇，德国人在北大西洋占尽优势。当时，潜艇唯一的克星，就是利用无线电波遥控的鱼雷。但早期的信号只在一个频道上传输，一旦敌方探测到频道，就可以有效地干扰信号，让鱼雷偏离攻击目标。

如何避开信号干扰，从而提高鱼雷的命中率，正是海蒂·拉玛想要解决的难题。

她的设想是：同时用多个频道，按照随机顺序将信号分别发送出去，这样一来，接收端只要按相同的顺序接收，就能解读信号，不知顺序的人接收到的只是噪声。

"两架同时演奏同一首旋律的自动钢琴"，是对这个想法最好的比喻。

1942年8月，"跳频技术"被授予美国专利。

海蒂·拉玛 电影《神魂颠倒》片段

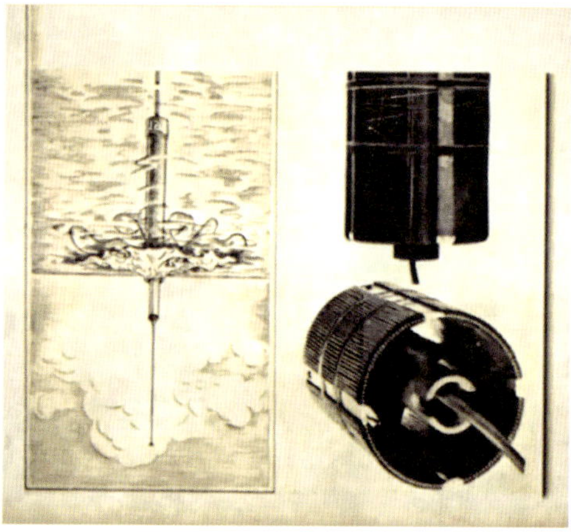

海蒂·拉玛的跳频技术设想（绘图）

海蒂·拉玛

然而，当海蒂迫不及待地将科研成果交给美国海军时，海军官员却说："我们不能在鱼雷中塞进一台自动钢琴。"

显然，他们不相信一个"花瓶"的智商。

海蒂小姐，又回到演艺圈。而跳频技术，则沉入故纸堆。

时间，带走了一切，包括美貌。但失落的海蒂·拉玛没有料到，1997年，在她的人生走到风烛残年之际，人们再一次想起了她。她的名字被收入了美国发明家名人堂，与爱迪生、惠特尼、莱特兄弟和乔布斯的名字并列。

因为世界仍然是一片不见硝烟的战场。她那份在档案馆沉睡了半个多世纪的专利，促生了一系列独具优势并且至今仍然通行天下的技术标准——CDMA、蓝牙与Wi-Fi。

创新驱动，标准引领。今天，当"走出去"成为全球市场的常态，谁拥有更新的技术、更高的标准，谁就拥有了更好的质量、更强的国际竞争力。

这便是当今世界质量竞争的游戏规则。

牢牢掌握这些规则的国家，因此拥有了纵横天下的底气。

❷ 印英纺织之争与工业革命

印度棉花协会主席
迪仁·塞斯

有段时间，孟买的纺织厂达到六七十家。但是从20世纪80年代初，纺织厂开始出现问题，最后都关停了。为了展示印度孟买纺织工业历史，他们决定保留一些纺织厂烟囱，让人们记住这里曾经是纺织中心。

孟买，印度最具活力的都市。

这里汇集了上百家银行、证券交易所、珠宝店和宝莱坞电影公司。正是它们，塑造着今天这个飞速发展的南亚大国。

但是，在林立的高楼大厦之间，仍然零星矗立着几座另类的建筑。它们不再发挥效用，却仍然诉说着印度昔日的心殇。

1498年，葡萄牙探险家达·伽马绕过好望角，成功到达印度。从这一年开始，欧洲人通往神秘东方的大门缓缓开启。

为了香料而来的欧洲人，却被另一种印度产品所震惊了。

1598年，荷兰旅行家、商人范·林斯科顿在他的著作《航行去东印度》中这样描述：“印度圣托马斯等地区的棉织品颜色齐全，本地人多数都穿着棉织品，其得

范·林斯科顿
荷兰旅行家、商人

到的赞颂比丝绸织品还要高。”

高质量的产品，很快转化成了国际竞争力。

印度棉织品开始走出国门，随之而来的，是流水一样的财富。在此期间，印度莫卧儿帝国的税收收入约一亿两白银，是同时期大明帝国的十几倍。

莫卧儿帝国，成为当时世界上最富有的国家。

印度棉布，就是早期世界市场竞争规则的缩影。

在很长一段时间里，一个地区的竞争力很大程度上取决于此地出产产品的质量，而质量竞争的焦点，是地理位置、原料，以及生活在这里的人民承袭千年的经验

富有的莫卧儿帝国（绘图）

和手艺。

因此，产自叙利亚的花缎，被称作“大马士革缎”；从西班牙东南部运来的橘子，被称作“瓦伦西亚橘”；来自中国的瓷器，西方人一律叫作“china”。

然而，也正是从棉布开始，这套已被世界各国所普遍接纳、所习以为常的规则，即将被改写。

1764年，英国兰开夏郡的纺织工人詹姆斯·哈格里夫斯，利用家中的一台传统纺纱机进行了一项技术创新。

这便是开启了工业革命的珍妮纺纱机。

到19世纪中期，印度完全沦为英国纺织业的原料产地，印度的织布匠大面积失业。本土棉布商人为了生存，不得不引进英国的技术，按照英国的标准进行设

英国伦敦政治经济学院经济史教授

帕特里克·奥布莱恩

棉花，棉制品、棉布，各种各样由棉制成的高质量产品，他们觉得十分值得带回欧洲。

印度棉布是第一种横扫市场的纺织品，有很多优点。这些棉布十分容易着色，也很便于印染。丝绸代表着奢华和昂贵，棉布则是丝绸在中低端市场的替代品，所以它占领了更广大的市场。

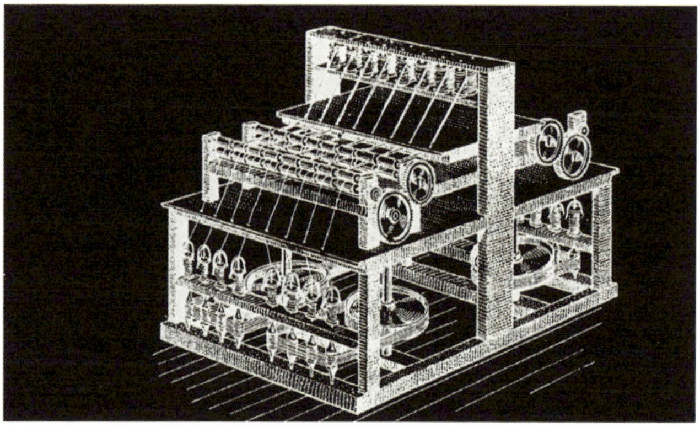

珍妮纺纱机

詹姆斯·哈格里夫斯

英国纺织工人

计、生产与检验。

棉布，由此成为人类史上的第一个全球化商品。也是棉布，改变了全球贸易竞争和质量竞争的规则。

只是在走向现代市场的道路上，距离这个新规则的成熟还需要上百年时间的酝酿。

英国牛津大学经济史教授

凯文·欧罗克

机器化生产水平大幅提高，纺纱技术也随之得到提升，最终棉制品实现了百分之百的机器制造。在这个阶段，英国棉制品的质量已普遍很高，并且成本更低。所以英国棉花开始在世界市场占据主导地位。

印度棉花协会主席

迪仁·塞斯

珍妮纺纱机发明的时候，几乎正是欧洲，主要是英国工业革命的开始。从那时起，英国纺织业开始大批量生产织品和棉布，而印度因其人口众多成为英国纺织厂的大市场。所以这些英国纺织厂生产的棉织品廉价地涌入了印度。

美国芝加哥大学历史系教授

彭慕兰

在19世纪后期的时候，50个国家有50种不同的着装方式。而现在，一种叫作“三件套”西装的东西，由最初的17世纪英国服装发展而来，已经很大程度上成为着装得体的国际标准。

❸ 惠特尼的难题与福特的启示

1800年12月9日，伊莱·惠特尼刚刚庆祝完他的35岁生日，不过，他的脸上又多了一丝阴郁。

因为，他收到了一封来自华盛顿的“死刑判决书”。

两年前，满怀雄心壮志的惠特尼先生成功拿到了美国政府的订单，许诺在两年内生产出一万支火枪。可事到如今，大限已过，惠特尼却连一支完整的枪都没有造出来。

此前，惠特尼从未有过任何制造枪械的经验，在争取到订单的时候，他甚至没有一张设计图纸或者一位枪械技工。

这名年轻人的底气，来源于一个尚未成型的点子。

在给美国财政部长的信中，惠特尼写道：“机器可以用于锻造、轧制、钻孔、抛光等，用机器生产出枪支的各个零件，再把他们组装起来，这将大大提高生产效率。”可以互换的零件，这就是惠特尼的绝妙想法。

美国麻省理工学院技术史教授

梅里特·罗伊·史密斯

1798年，美国和法国正处在开战的边缘，惠特尼听说美国政府正在寻求武器，用来武装美国军队，于是他找到当时美国的财政部部长，想签订一个为美国军队制造火枪的合同。这是一次成功的销售，并和美国政府签订了合约，要在两年内制造出一万支火枪。

伊莱·惠特尼（绘图）

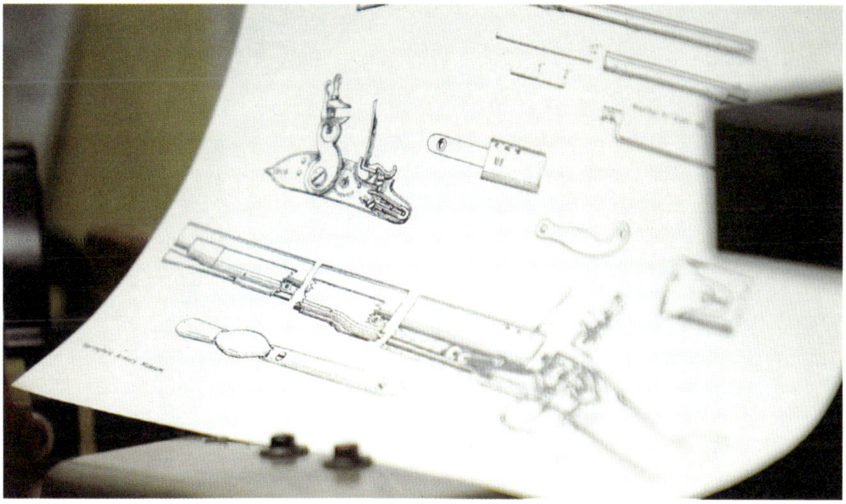

枪械设计图纸

但事实摆在眼前，在1800年这个阴郁的冬天里，惠特尼注定是完不成任务了。

问题出在了哪里呢？

虽然没能大面积提高枪械零件的质量，但事到如今，惠特尼只好孤注一掷了。

1801年1月18日，美国的新首都华盛顿，惠特尼带来了十支也许是他能造出来的最好的枪。

目的，是为了给总统带来一点信心。

梅里特·罗伊·史密斯评价道：“杰斐逊的回应很积极，他不知道这十支火枪是惠特尼特地为当时的情况准备的，即便惠特尼没有能力制造一万个哪怕一千个可替换部件。”

惠特尼的演示获得了极大认可。但遗憾的是，因为没有顺利解决零件的质量问题，惠特尼一生都没有真正制造出可以更换零件的步枪。

不过，制造符合标准的可替换零件，以最少量的手工劳动把零件装配起来，惠特尼的想法逐渐在美国蔓延开来。

这种生产方式，日后被人们称为“标准化”。

1912年，芝加哥的一家屠宰场，吸引了一位恰好路过的中年人的注意。

美国耶鲁大学法律与法制史教授

罗伯特·戈登

惠特尼需要建立材料供应链，包括制作枪托的木材、钢、铁。各种工具来自康涅狄格州的西北部，但这些材料的质量并不是很好。为此，他必须自己研制工具。不难想象，这是多大的工程啊，不可能在两年内完成，尤其在那个时候。

托马斯·杰斐逊

美国第三任总统

这家屠宰场所使用的是一条标准化的“拆卸线”：一头头宰好的牛从很多切肉工人面前移动经过，每一个切肉工人只割下特定的某个部分。

这名认真的观察者是一位汽车制造商，他的名字叫亨利·福特。此时的福特突然意识到，如果一头牛可以被高效拆解，那么，把整个流程倒转，一辆汽车也就可以被同样高效地组装出来。

1913年，构想变成了现实。

依托于美国逐步建立的质量基础，福特公司的流水线上，所有零件配合无间。有史以来第一次，一辆汽车可以在十几分钟内被生产出来。

1918年，法国人安德烈·雪铁龙创立雪铁龙公司，引入福特所设立的标准，在欧

今天的福特公司流水线

洲大陆创建了第一条现代流水线。美国人的质量基础，走向了全世界。

自此，标准化、流水线和科学管理所搭建的大规模生产终于在全球畅行无阻。

不同于印度棉布行销世界的年代，此时，产品的原料、设计、生产工艺，乃至营销，早已突破国界的限制，全人类的大规模合作成为现实；成千上万种曾经高不可攀的产品，也借此走向平民大众；而质量的高低也终于有了科学的评价方式……“质量”一词的定义，已然被改写。这一切，正是得益于标准和标准化。

不仅如此，在接下来的几十年时间里，标准与标准化甚至成为了世界市场竞争与合作的新规则中最重要的组成部分。

那么，这一页又是如何翻开的呢？

1944年6月6日，诺曼底登陆战打响，盟军对纳粹德国展开全面反攻。

布雷顿森林会议 美国新罕布尔州

世界贸易组织秘书处参赞

埃里克·维克斯特伦

如果我们回到大约50年前，贸易协商以及国际协商的焦点就在关税上。事实上，关税是很高的，工业产品平均都在40%左右，农业产品甚至更高。

硝烟还未散尽，美国、英国、法国等44个国家的经济特使已齐聚一堂。他们要为战后的全球经济重建，绘制蓝图。

从1929年开始，随着美国《斯穆特–霍利关税法案》颁布，欧洲各国和日本很快跟进，全球的关税税率普遍上升到了50%。愈演愈烈的贸易保护措施，最终将世界推向了战争的深渊。

布雷顿森林会议的重点议题之一，就是建立一种机制来降低关税，遏制贸易保护主义。

关税与贸易总协定随之诞生。

战争，打醒了迷失在“摩登时代”的世界。

就在关贸总协定签署的1947年，43岁的统计学家约瑟夫·朱兰开始陆续接到来自吉列剃须刀、汉密尔顿手

英国牛津大学经济史教授

凯文·欧罗克

对自由主义者来说，20世纪30年代是非常困难的，因为全世界都转向贸易保护主义。日本的出口贸易被美国封锁，使得民族主义者更有理由主张自给自足。我们从中学到的教训是要构建开放的全球化体系，这才是关贸总协定的根源。

约瑟夫·朱兰

国际标准化组织创始人合影　英国伦敦

表等企业的求助电话。电话那头，经理们不约而同地抱怨起产品的质量问题，请求朱兰帮助他们改进生产过程。

这一年的夏天，名不见经传的爱德华兹·戴明开始了关于质量管理的呼吁：“质量，不应该是生产中的负担，它更该为企业带来效益，甚至，它应该是企业的核心竞争力。”

也是同一年，一个叫作“ISO”的组织诞生了。

1946年10月，美、法、英、中等25个国家的代表在伦敦召开大会，决定成立新的国际标准化组织，定名“ISO”。其宗旨，是在世界范围内促进标准化工作的发展。

从此，质量与标准化终于融为一体。

中国国家标准化管理委员会主任

田世宏

标准化是制定标准、组织实施标准和对标准实施进行监督的一个活动，它的最终目的就是要获取最佳秩序，取得最佳的效果，它的本质就是要求要持续改进，追求卓越。所以，通常大家都说标准决定质量，有什么样的标准就有什么样的质量，只有高标准才有高质量。

德国柏林工业大学教授

克努特·布林德

可以看出，质量的要求随着时间被不断提高，这些质量的标准也就逐渐成为国际贸易中一个重要的竞争因素。国际标准成为进入国际贸易、国际价值链的入场券。

❹ 发展中国家与国际标准的碰撞

1983年，已经做了十个年头的汽车工陈争鸣，遇到了这辈子记忆最深刻的一件事——被选入试装桑塔纳样车的七人小组。

五年前，中国开始向全球知名汽车企业伸出橄榄枝，希望开办中外合资的汽车工厂。但面对一个陌生的国度，包括克莱斯勒、通用和福特在内的大多数汽车公司，都谨慎地选择了观望态度。

这辆桑塔纳的组装，成为德国大众公司对中国制造的一次试探。

手里拿着钳子、榔头的陈争鸣非常兴奋，准备在德国人面前一展自己的手工打磨绝活。

但结果，原本用两天时间就能装配好的汽车，七人小组“敲”了整整一个星期。

陈争鸣回忆道：“当时厂房条件也不是最好，从厂房上面掉下来一块水泥板，正好砸在这辆车的车顶上，把车顶给砸坏了。我们请了一个公司最好的钣金工的老师傅，把这辆车给修复了。然后德国人还是把它给报废了。心里有一种抵触，我就感觉他（德国人）为什么这样，我们不修好了嘛，但是他说不行，说这个车是框架结构的，你这里砸了以后，表面上看它仅仅是这里变形了，但整个框架是会受到牵连的。”

1984年10月10日，北京，人民大会堂，中德合资建立上海大众汽车公司的协议正

第一辆国产桑塔纳轿车下线

陈争鸣回忆道："那个时候，我在上海没有房子，所以我是借住在工厂旁边的农民家里。第一辆桑塔纳出来了，然后我就抱着我的儿子，特地抱过去。我说，第一辆桑塔纳，拍张照片。当时真的就是无意的。"

上海大众汽车公司老员工
陈争鸣

首先，你没办法，你做不出检测，这是一个过程啊，这个数据你得不到，那怎么办？你可以说他（德国人）故意刁难，但是不要紧的，德国人说那你把数据拿给我呀，你拿不出这个东西。

式签署。半年后，第一批国产桑塔纳轿车组装下线。

没想到的是，这条代表着中国走向开放的组装线，却在不久之后成了众矢之的。

社会争论的焦点，便是桑塔纳零件的国产化问题。

一台桑塔纳轿车的零部件有一万多个。按照合同，国产零部件必须送到沃尔夫斯堡的大众汽车总部，按德国标准进行技术认证，否则，就必须从德国大众进口。

当时，中国只有三种零部件符合德国标准，分别是收音机、天线和轮胎。

据统计，每生产一辆桑塔纳轿车，需要一万美元的

中德合资建立上海大众汽车公司

外汇。当时中国的外汇储备，只能支撑第一批桑塔纳零部件的进口。国产化，势在必行。

然而，当中国民营企业雨后春笋般遍布大江南北时，汽车零部件的生产却根本达不到德国标准，更没有所谓的工业体系。

坚持国际标准，国产化就几乎寸步难行，但降低标准就意味着降低质量。上海大众的为难处境，事实上也是中国在质量发展之路上谁也避不开的一道难题。

1986年6月，面对种种“吹风”和“告状”，来到上海大众考察的国家经贸委领导做出了选择。“桑塔纳

大众汽车集团（中国）原总裁

约赫姆·海兹曼

——

最开始的时候，我们设定的质量标准是很高的，其中包括在中国生产企业所必须具备的能力，比如技术设备、检测设备。所以，中国桑塔纳生产阶段的检测和测试都要求在德国进行。

中国早期的汽车工厂

中国汽车工业协会常务副会长
董扬

——

桑塔纳是严格国产化，那么它就慢。很多中方人员认为，差不多了，你就用吧。不行。然后回到德国检测，人家说不行。当时看起来，桑塔纳这种做法是崇洋媚外的表现。

上汽大众汽车公司原总经理
王荣均

——

有的同志提出来，是不是可以降低一点标准？这个观点我们是不赞成的。因为你降低标准以后，我们的车子质量水平就低了。有时候我们会受到背后的指责吧——跟德国人坐一条板凳啊，跟德国人跑啊，你新来的总经理一来就跟德国人跑啊——背后这种议论都有的。

零部件的国产化，要坚持德国大众的标准。桑塔纳国产化要100％合格，降低0.1％我们都不要。”

1995年，焊接工人陈争鸣开上了崭新的桑塔纳2000型轿车，此时的桑塔纳国产化率已经超过90%。国产桑塔纳积累起了持久的质量信誉，并成功助推中国汽车产业的腾飞。

只有保证标准不走样，才能实现产品高质量。

然而，不是每一家企业都有上汽集团这样的毅力和契机，对于像中国这样，渴望在世界市场上站稳脚跟的发展中国家而言，高标准意味着高质量，同时也意味着高投入与高门槛。

事实上，当随意操纵关税的年代逐渐远去，质量的竞争愈演愈烈的时候，标准这把双刃剑，在提高产品质量、促进贸易便利的同时，也成为贸易保护主义的新武器。

1986年，中国在美国陶瓷市场的占有份额忽然下降到了日本同类产品的十分之一，因为这一年，美国颁布了铅金属的含量标准，中国的陶瓷产品铅含量严重超标。

1994年，日本对进口大米设置的农药残留标准共有56项，在短短四年时间里，就增加到了104项。

上汽大众汽车公司原总经理

王荣均

我们质保部的副经理，中方的，给了我一张照片，刚刚拍下来的，我们一部汽车的轮胎爆裂开了，这个轮胎是国产化的，我把这张照片给朱镕基同志看了。我说，你看，国产化了以后，发生这个问题。所以后来，他在这次调查的最后总结的时候就讲，必须坚持质量，百分之百按照德国的标准做，不要“瓜菜代”。

联合国贸易和发展会议副秘书长

乔金·雷特

我们必须看到，很多发展中国家很艰难地去符合国际标准，同时，更加艰难地去符合每一条发达国家制定的更加严格的标准。在我看来，我们要追求质量毋庸置疑，但我们必须看到，提升质量任重道远，并不容易，而且成本很高。

中国标准化研究院前院长

马林聪

我们技术水平低的时候，形成的标准水平可能也就低，那么我们制造出来的产品水平可能也就低，那我们向他那流通的时候呢，就很难，一种壁垒似的。怎么突破这个壁垒呢？就是要提高我们的技术水平、产品水平，最后提高我们整个的质量水平，被国际普遍接受。

1995年，德国公布了纺织品偶氮染料含量标准，一批价值30多万元的服装从湖北运抵德国后，遭到销毁。

直到今天，技术性贸易措施仍然影响着80%的世界贸易。

中国早期的纺织品加工厂

⑤ 从跟跑者向标准制定者转变

1995年1月1日，瑞士日内瓦，民众正沉浸在新年庆典中，他们似乎并没有察觉：一个全球贸易白热化的时代，正在家门口开启。

这一天，首任世界贸易组织总干事彼得·萨瑟兰在国际会议中心敲响闭会槌，世贸组织正式取代关贸总协定，开始运作。

世界贸易组织总部 瑞士日内瓦

同时，《技术性贸易壁垒协定》新规实施，其中一项规定：世贸组织成员制定与国际贸易相关的技术法规时，应该使用国际标准。

新规则促进了新发展：人类进入了历史上最大规模的全球化运动。新规则也引发了新冲突：标准的世界大战被彻底点燃。

而对处于发达国家“标准围困”下的中国来说，新规则或许正是突破口。

得标准者得天下，前提是：必须拥有傲视天下的技术。

在海蒂·拉玛获得跳频技术专利的43年后，1985年7月，美国加州大学圣迭戈分校教授雅各布的家里有些躁动。

七位有识之士决定成立一家专注于高质量通讯的公司。

两年后，高通公司接到了成立以来的第一笔大单：和美国军方合作研发一项无线通信技术。第一批CDMA技术专利由此诞生。

CDMA的出现，注定会引发一场新旧霸主的生死角逐。

在移动通信领域，欧洲主导的GSM是第一个全球

中国常驻世界贸易组织代表团前公使
余本林

——

如果我们的企业掌握了或者说占据了国际标准的制高点，那么就意味着，你的产品进入任何一个市场都不会有障碍，别人以你为标杆。这样的话，我们就会牢牢地掌握市场的主动权。

欧文·雅各布
美国高通公司创始人

美国高通公司前总裁
德里克·阿伯利

——

一位著名的斯坦福大学教授当时曾说，高通不可能开发出这一系统，因为它会违背物理规律。显然，高通证明他错了。高通攻克了很多技术难题，包括将讯号从一个基站更高效地传输至另一个基站，以及供电问题。所以高通所做的是开发了一个基于CDMA的商用蜂窝通信系统，这是前所未有的。

性标准，但在从2G到3G的换代过程中，CDMA技术成为了新的国际标准。美国高通公司，拥有全部的CDMA无线通信技术的关键专利权。

任何一个进入CDMA领域、使用CDMA标准的通信企业，都必须向高通支付高昂的专利授权费。苹果、三星也不例外。每一个使用手机的人，都在无形中成了高通的“纳税人”。

就在CDMA诞生的这一年，1985年，中国深圳，一位44岁的转业军人因对手头工作不满意，转而集资2.1万元人民币创立公司。

这个人，名叫任正非。他所创立的公司，名叫

中国深圳

华为。

作为世界上最大的新兴市场，当时中国的通讯版图被摩托罗拉、爱立信等西方公司垄断，华为只能在一些边缘地带获得极有限的份额。

不同于手握金钥匙的高通，此时的华为无技术、无管理、无品牌，打拼了八年，在国内连成本都收不回来。在当时的中国，这样的公司有数百家。

万般无奈，华为被迫开始了并无把握的国际化之路。

此时的高通，正因其“收税狂”的角色遭到了世界各国的反垄断调查。华为，终于迎来了一次转机。

从2002年起，华为开始研发4G技术。接下来的两年中，相继申请通过两项核心技术专利。经过十多年的锤炼，华为在LTE核心标准中贡献了466件通过提案，占全球总数的近20%，位居业界第一。

2012年1月18日下午5时，国际电信联盟通过了中国华为主导制定的4G国际标准。

在长期被发达国家垄断的电信行业，中国开始掌握话语权。

2015年，华为投入92亿美元进行技术研发，累计申请专利5万余件。智能手机界的领头羊——美国苹果

英国剑桥大学发展研究中心主任

彼得·诺兰

——

中国企业的巨大诱惑，在于他们有一个相对更受保护的国内市场，而在国际上竞争非常困难，所以，企业会选择扩展业务范畴，拓展到房地产、购物以及其他商业活动中。华为引人注目的是，它的领导人成功地保持了对核心业务的聚焦。

日本著名管理学家

大前研一

——

那时华为只生产交换机，在这个领域，他们非常强大。因为他们涉及的领域不广，尽管小，但他们却能在全球市场取得成功。

华为终端公司董事长

余承东

LTE是“长期演进项目”的缩写，相当于第四代通信技术的名词。其实这里采用了很多技术，采用了MIMO技术（多天线技术）。华为从开始阶段，就在做很多技术的积累和研究，然后再提标准提案，我们跟全球几个主要的厂家一起制定全球的通信标准。

国际电信联盟秘书长

赵厚麟

中国从以前从来没有参与过国际电信体系的建立，到3G、4G，马上就要5G了。这么长的发展阶段里面，看到我们自主开发的东西能够作为世界最先进的无线电移动技术标准，应该讲是一个翻天覆地的变化。

公司，已经开始向华为支付专利费。

创新与标准，成为华为“走出去”真正的基石。

而当数以万计的“中国质量”迈向世界的时候，需要的更是中国标准的“走出去”、中国的国家质量基础“走出去”。改革标准供给体系，加快标准提档升级，成为中国质量提升的必经之路。

“标准助推创新发展，标准引领时代进步。”

伴随着中国经济的快速发展，国际标准体系中的中国元素正在逐渐增多。

但一个不容置疑的事实是，目前，在全世界大约2.6万项国际标准中，90%以上都是由发达国家主导制定的，中国主导制定的国际标准不足1%。

华为主导制定4G国际标准

原中国国务院参事
张纲

——

标准既是技术研发之争，又是市场拓展之争，同时它还是发展战略之争，而引领型标准、创新型标准、竞争型标准，主体一定是企业。像中国航天，高铁，华为，这些企业都是在标准上引领全球的，当然，技术上，它们在全球是创新型企业。

中国科技部副部长
黄卫

——

技术的创新和变革会带来质量的大幅度的颠覆性的进展。所以我们希望各个行业、各个领域，能够就科技创新如何推动质量的发展、质量的提升，进行总体的规划和谋划，这也是我们科技创新需要进行研究的，也是质量提升需要重视的问题。

联合国工业发展组织贸易能力建设司司长
贝尔纳多·卡萨迪利亚-萨米恩托

——

中国最近的工业化，引起了很多标准的发展。如今，我们处于一个新的势头。在这个新势头里，科技发展非常迅速。我认为中国还需要加倍努力。

国际标准化组织前主席
张晓刚

——

发展中国家很少参与全球治理，所以在全球技术规则的话语权上占有很少的比例，在国际标准化这个领域，你没有话语权，就相当于你是站在世界规则制定的门外，如果你想参加你得敲门；但是如果你有话语权，你相当于站在规则制定门内，你可以参与游戏规则制定，有能力，还能主导游戏规则制定和全球治理。

华为手机生产线

这是一个依靠规则获取财富的时代，这些规则推动人类文明更高、更快、更强。这也是一个不断追求科技进步和生活品质的时代，因此，大国质量与大国标准，在构筑天下规则的进程中也就显得尤为重要。

驰骋天下是一个漫长而艰难的历程，但中国标准已在路上。

第四章

信任丛林

❶ 宜家的“马肉风波”

20世纪70年代起，有两样带着明显“斯堪的纳维亚”风格的商品风靡全世界：一首来自瑞典流行乐队ABBA的歌曲《妈妈咪呀》，一道在全球的宜家家居专卖店出售的瑞典牛肉丸。

在传统的瑞典家庭中，牛肉丸被称为“妈妈的菜肴”。母亲往往根据自己的喜好在牛肉丸中添加不同的佐料，因此，每一个瑞典人心中，这道菜都拥有独特的味道。

儿女对母亲的信赖，是人类与生俱来并且承袭了千万年的本能。宜家公司也正是希望将这种信赖感和亲切感，借由这道“妈妈的菜肴”传递给全世界的陌生顾客。

从2002年起，宜家这个家居品牌，竟然单靠牛肉丸和其他食品的销售，就实现了每年近20亿美元的收入。

但谁也没有想到，一场灾难，正在这些肉丸中酝酿。

2013年1月15日，爱尔兰食品安全局向媒体公布：在一个月前进行的一次牛肉汉堡抽检中，近半数的牛肉馅内含有马肉。

很快，“马肉风波”扩大到了全球27个国家和地区。

2月25日，位于捷克的宜家门店被检出牛肉丸中含有马肉成分。当天下午，宜家集团也不得不宣布从14个欧洲国家召回牛肉丸。

瑞典宜家

瑞典家庭菜肴：牛肉丸

食用马肉一直是部分欧洲国家的饮食习惯，并不存在安全和健康威胁。“马肉风波”伤害的，显然是一种更为抽象的利益——信任。信任的缺失，就如同绞断了生产者与消费者之间的纽带，可以轻而易举地摧毁质量的大厦；信任的缺失，甚至让并不生产牛肉丸的宜家公司也成了受害者。

“如果有百分之五十的利润，资本就会铤而走险；为了百分之一百的利润，它就敢践踏一切人间法律；有百分之三百的利润，它就敢犯任何罪行，甚至冒着绞首的危险。”《资本论》中的这段话，仿佛一道诅咒时不时地敲打着我们。即便是在市场机制高度完善的今天，没有人能够真正逾越或者永远消除信任的鸿沟。

在这片看似没有光芒的黑暗丛林中，哪里才是信任的安身之所？信任又该如何传递呢？

❷ 阿尔多出版社的盗版危机

1516年，法国里昂，很多普通人开始买书了。

在此之前，稀少而昂贵的大部头书籍往往被牢牢锁在修道院中，与世隔绝。现在，里昂人可以轻易买到这样一本小册子，可以随时塞进包里。

可以说，在一定程度上，正是这些袖珍版的《神曲》《十日谈》《彼特拉克诗集》和《亚里士多德作品集》，将文艺复兴的种子播撒向了更为广阔的欧洲大陆。

但此时此刻，意大利威尼斯，一个名叫“阿尔多”的出版社却头疼不已。

然而，袖珍书的畅销并没有给阿尔多出版社带来相应的利润。恰恰相反，他们发现，低质低价的盗版货让自己的书不那么好卖了。

早在1501年，马努齐奥就在威尼斯出版了世界上首部袖珍本《神曲》，并在封面打上了独有的商标“海豚与船锚”。

但是，当时没有专利局，也没有什么法律可以保护这位商人。即便得到了政府和罗马教皇的认可，他们的手也根本够不到远在欧洲大陆腹地的里昂。

万般无奈下，阿尔多出版社只好选择张贴广告，提醒消费者如何鉴别真假：盗版书纸张粗糙，印刷错误频繁；正版的“海豚与船锚”商标中，海豚的头是向左的，而盗版书上，海豚的头向右转。

袖珍书

袖珍书手工印刷

“斜体”

商标“海豚与船锚”

英国曼彻斯特大学　约翰·瑞兰德图书馆珍本部主管

朱丽安·辛普森

阿尔多·马努齐奥是一位学者和老师。在40岁的时候，他打算改行做一名出版商人。几年之后，他决定再进一步做出一些创新。为了达成这个目的，他必须创造一种新的印刷字体。这种字体被称为“斜体”。

当一个品牌在以较高质量积累名气的过程中，就会立即被其他生产商效仿、抄袭。但在某种程度上，这是原有品牌的胜利，因为他们拓展了市场需求。而当这个市场不能被满足时，其他生产商就会进入这片市场空白，生产低质量的同类产品，这正是市场需要的。

中国社会科学院世界历史研究所副研究员

张炜

——

当时印刷书的主要消费群体，比如各类学校的教师、学生，可能因为囊中羞涩，也可能是出于贪图便宜的心理考虑，他们会购买不同版本，甚至是一些盗版书籍。当然，不能把所有的责任都推到消费者的身上。比如说外观上，盗版书毫无二致地模仿原版书，消费者也很难辨认。

广告在意大利取得了良好的效果，但奇怪的是，法国的消费者仍然不为所动。

性价比永远是市场竞争的核心。真相摆在眼前，法国顾客并不相信远在异国他乡的正版书值得他们支付更多的运费、花更多的钱。

在消费者与盗版商人“合谋”的价格竞争中，阿尔多出版社完全败下阵来。甚至在一段时间内，他们不得不生产同样劣质、低价的书籍。

殊不知，也是在这种“理性”之下，我们的每一次消费就是一次投票。它投给的是我们希望的生活，它投给的是我们理想中的世界……

③ 美国“泔水奶”丑闻

1858年，一则来自《莱斯利画报》的新闻震惊了美国：每天运入纽约的14万升鲜牛奶，在一年内竟然导致了八千名以上的儿童死亡！

牛奶，这种富含蛋白质与钙质的甘露，总是与天真无邪的孩提时代联系在一起。“泔水奶”的生产商，正是打着“儿童健康奶”的旗号，骗取消费者的信任。

19世纪40年代，纽约，这个正在崛起的世界中心，人口规模在十几年时间里就扩大了近一倍。急剧扩大的市场，让奶农没有理由停止获得巨额的利润。而对于妇女来说，因为无法辨别哪种牛奶的质量更好，便宜的所谓“儿童健康奶”自然成了性价比最高的母乳替代品。

更可怕的是，1858年，纽约市议员麦克·图米被派往奶厂调查。在与奶厂老板们共进晚餐后，市议员反倒开始指责媒体有偏见，还说“调查中并未发现一例泔水奶导致儿童死亡的案例”。

美国俄亥俄大学社会医学系教授

杰奎琳·沃尔夫

当时最大的丑闻就是“泔水奶”事件。发酵的谷物也是酿酒的原料，这些谷物在酒类制造完以后，会被卖给奶农，价格远低于普通谷物饲料。于是奶牛开始“酗酒”，变得对酒上瘾。奶农也获得了更多好处，因为奶牛产奶多了，所以奶农们都愿意生产“泔水奶”；而某些消费者也想要“泔水奶”，因为价格便宜得多。但实际上，我们喂给婴儿们的是用发酵谷物制成的牛奶。于是，奶牛生病了，婴儿们也生病了。

《莱斯利画报》的“泔水奶”报道

诺贝尔经济学奖获得者、美国斯坦福大学商学院名誉院长

迈克尔·斯宾塞

——

当市场的需求侧与供给侧信息不对称时，这种信息差距会严重削弱市场表现。关于他们销售和采购的东西，卖方掌握了更多信息，而买方却不知道其中的差距。所以市场根本没有起作用，或者说只在低质量端起作用了。

如此强大的利益共同体，使得纽约周边原本坚持诚信、坚持质量的牛奶生产商纷纷退出市场。

看似完美的自由市场，竟然失灵了！造假、垄断、“劣币驱逐良币”，敲碎了美国人通过一次次消费塑造的理想世界。

制度的缺失让诚信毫无立足之地，当然就更谈不上什么质量。

在此后半个世纪的时间里，由于所有人都束手无策，“泔水奶”仍然在市场上畅通无阻。

但尚有良知的媒体记者们，并没有就此罢休。

1906年年初，美国白宫，一本名为《丛林》的样书，让时任美国总统的西奥多·罗斯福一阵反胃。“泔水奶”困局的半个世纪后，一场酝酿着食品质量改革的风暴，再一次由美国传媒业掀起。

在书中，作家厄普顿·辛克莱亲自到屠宰厂“潜伏”了七个星期，并将所有事实记录了下来。

由《丛林》开始，美国20世纪初著名的“扒粪运动”拉开了序幕，各个行业的造假内幕在这场运动中被曝光。

撕裂在美国大众面前的惨烈真相，让美国人意识到，他们能够并且完全有责任缔造更诚信的企业、更诚信的市场、更诚信的政府、更诚信的社会。

不过，遗憾的是，也是新闻媒体，让这场声势浩大的“扒粪运动”并没能大获全胜。

全球贸易的丛林中，追求利益是天性所为。生产者、商家、消费者、政府、媒体，每个人也都有可能忘记身上担负的责任。

作为这个庞大市场中的一员，单凭道德的枷锁，并不能强制人们在自身利益和社会利益之间做出最为良知的选择。

但是，在追求质量的道路上，诚信是永远无法逃避

美国纽约大学历史系教授

托马斯·本德

——

我总是在想这本书为什么叫《丛林》，有一天我突然明白了，事实上，生活在现代城市比生活在野外丛林还要危险得多。

《美国食品药品百年监管历程》作者

菲利普·希尔茨

——

他看到猪肉掉进排污沟里，又被人捡回生产线上，放入生产车间，他们说是在生产香肠。实际上老鼠也经常掉到生产线上，成为香肠的一部分。当时的情况简直糟透了。那时的观念是：做生意，可以做任何事情，不必履行公司的责任。所以这些公司扩张得很快，变得很有势力。

对外经济贸易大学产品质量与安全法治研究中心主任
李俊
——
早期的西方国家对于产品质量和产品安全，更多的是依赖市场竞争来进行解决。但是，社会越发展，越来越显示出市场在质量的竞争方面或质量安全的保障方面存在“市场失灵”。

的话题。

1907年，在声势浩大的“扒粪运动”浪潮下，美国食品药品监督管理局成立。所有食品与药品都需要打上食品药品监管局的标签才能上架销售——FDA认证正式诞生。

长达半个多世纪的“泔水奶”困局，最后以这样的方式告终。因为人们意识到，要缚住市场上这只名叫“贪婪”的魔鬼，必须需要强有力的监管力量。

“扒粪运动”时美国街头的示威活动

中国人民大学公共管理学院教授

刘鹏

牛奶行业会出现这种问题，那么新闻行业也可能会出现这种问题。他们为了博取这个社会的关注和发行量的需求，可能就会铤而走险，采用一些捏造或者夸大事实的方法。从根本上来讲，也是我们刚才讲的市场失灵的一种体现。

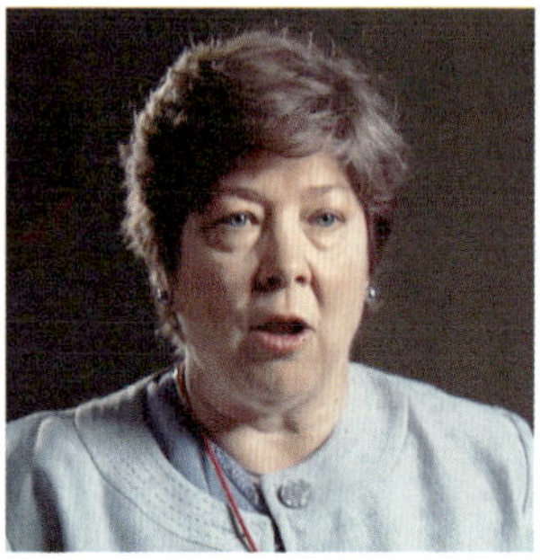

美国食品药品监督管理局历史学家

苏珊·尤诺德

FDA认证使所有制造商和民众都处于公平竞争的环境，这样会鼓励提高行业标准和食品药品质量，而不是拖行业后腿，正所谓水涨船高。所以当人们信赖他们所购买的东西时，每个人都在受益。

国际食品安全法典委员会高级官员

汤姆·海兰德

我认为媒体可以起到很好的作用，在重建信任方面，如果能客观真实地报道产品生产和产品质量。但媒体有时喜欢事故类新闻，因为这会吸引更多眼球。

美国食品药品监督管理局

④ 劳氏船级社与认证行业的诞生

1622年8月，一支满载财宝的西班牙运金船队在航行至加勒比海时遭遇飓风，“阿托卡夫人”号与其运载的四十多吨财宝，就此在汪洋中消失。

“阿托卡夫人”号的意外，仅仅是17—18世纪众多海船命运的缩影。据统计，全世界海洋中约有300万艘未被发现的古沉船，因种种不同的遭遇而尘封海底。

17-18世纪众多海船沉没（绘图）

如何保障航运的安全，直接催生了现代意义上的保险业。

但随之而来的是一个两难的问题：造船厂不愿意将船只的质量信息披露给市场，无法评估风险的保险商只能选择降低保额，最后保单往往成了一纸空文。

如何让质量信息更好地传递，就是问题的症结。

1688年，英国伦敦，位于泰晤士河畔的一间咖啡馆忽然生意爆棚。

咖啡馆老板爱德华·劳埃德宣布，如果你是一名水手，喝咖啡就可以打折；如果你是位远洋船长，你可以拥有一个自己的专属座位。

这位精明的商人当然不会让自己吃亏，因为这些优惠的前提是海员们必须凭借自己出海时的经历，向劳埃

英国劳氏船级社资讯中心副主任

露易丝·桑格

当时，大量的船只失踪造成众多船员丧生，并给船主和保险商造成了很大的经济损失，这令人们十分忧虑。所以人们迫切需要掌握船只的信息，了解船只的质量和状况。

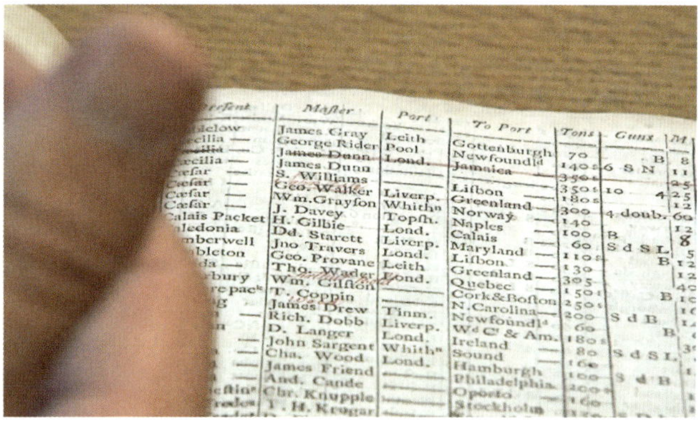

劳埃德的船只记录

《劳埃德新闻》

英国剑桥大学金融史研究中心副主任
阿德里安·莱昂纳德

——

中介需要让保险商知道，他们所依赖的船只的真实情况，是可以保证准确的。所以这份报纸里关于船只进出港和其他方面的信息，就显得非常珍贵。事实上，《劳埃德新闻》是后来的名字，至今仍在出版。

德先生提供真实的船舶质量信息。

从1691年起，劳埃德将自己收集到的航运、船舶信息加以整理，以报纸的形式命名为《劳埃德新闻》，每周刊发。

1713年2月，劳埃德先生在伦敦的家中辞世。

但劳埃德的咖啡馆却越来越火爆，因为这是当时伦敦保险商获取船舶质量信息最权威的场所。

一个与买卖双方的利益都毫不相干的第三方，用独立的手段评估商品质量，然后向市场公示，并以此获利。

1760年，在劳埃德先生去世近五十年后，世界上最早的第三方认证机构在劳埃德咖啡馆成立。为了纪念劳埃德先生，成立者们将其命名为“劳氏船级社”。

劳埃德的咖啡馆

劳氏船级社总部　英国伦敦

诺贝尔经济学奖获得者、美国斯坦福大学商学院名誉院长

迈克尔·斯宾塞

——

如果我的产品质量差，我自然不想披露这一点。而市场机制促使第三方机构提供准确的信息，因为他们希望能一直跟你做生意，如果他们误导你，你就不会再找他们了。所以市场上信息差距的缩小，一部分是因为有第三方机构始终在市场上坚持着他们的工作。

英国铁轨上的风筝图案

2014年，劳氏船级社的年营业额突破十亿英镑。世界船舶总吨位的三分之一，都要通过劳氏船级社进行质量认证和船舶入级。认证，这个发端于咖啡馆的行业，早已经摆脱了“保险业附庸”的身份。

1903年，从英国出厂的铁轨开始被烙印上醒目的风筝图案——英国标准协会的风筝标志。认证开始加入国家质量基础的体系链条。

今天，在全球贸易打造的现代生活中，认证制度已经渗透到各行各业。它将尽可能准确可靠的质量信息传递给消费者，也扮演着诚信企业的“质量名片”。它试图占领一个绝对公平的位置，缓解信任危机。

正因为它的真实性和公正性，认证标志已成为质量跨越国界的另一张通行证，甚至开始左右世界经济的全球化进程。

⑤ 中国：从海尔到商环

1985年12月的一天，青岛冰箱总厂的仓库内，刚刚上任的厂长张瑞敏向76台质量不合格的冰箱抡起了第一锤。

今天的媒体，往往将这一锤形容成“砸醒了中国质量意识的一锤”。然而，在对海尔砸冰箱事件津津乐道的同时，人们几乎忘记了它只是质量改革的一声哨响——海尔冰箱不可能只因为这一锤发生质变。

海尔集团首席执行官

张瑞敏

质量，不仅是一个必要条件，更重要的还有两个字——诚信。中国人可以把产品做到极致，做到非常好，这个没问题。我们很多都做到世界级的最好的产品却打上人家的牌子，在全世界到处销售。为什么不能打成我们的牌子呢？我认为，现在最需要的是要建立诚信体系，没有诚信就没有质量。

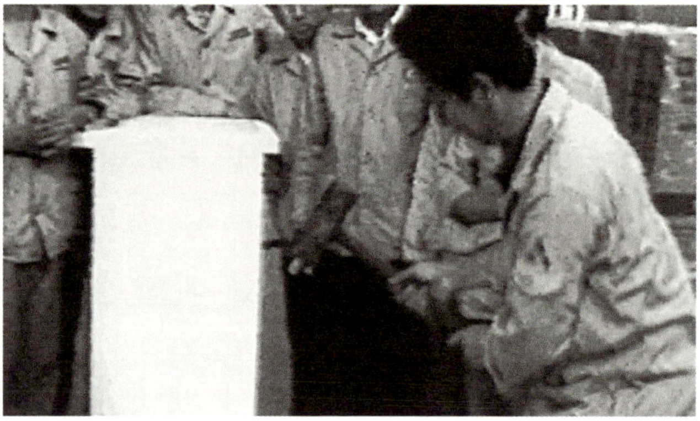

张瑞敏抡起的第一锤

海尔洗衣机接受质检

真正改变海尔的是此后漫长的取经之路：引进设备，学习技术，建立全面质量管理体系，同时借鉴中国传统“吾日三省吾身”的哲学，在公司内部实施一种“日事日毕，日清日高”的管理方法，以提高生产效率。

长达七年的改革，才让海尔冰箱成为张瑞敏眼里不用被砸的好冰箱。

但此时，站在全球化市场的门口，张瑞敏却发现，他对海尔质量的信任并不能传递给广大的消费者，尤其是海外消费者。

1992年，在美国工厂考察的张瑞敏发现了一张名叫ISO9001的认证证书。

在质量竞争愈演愈烈的时代，张瑞敏是第一个主动意识到认证能直接服务于质量、缔造品牌的中国企业家。

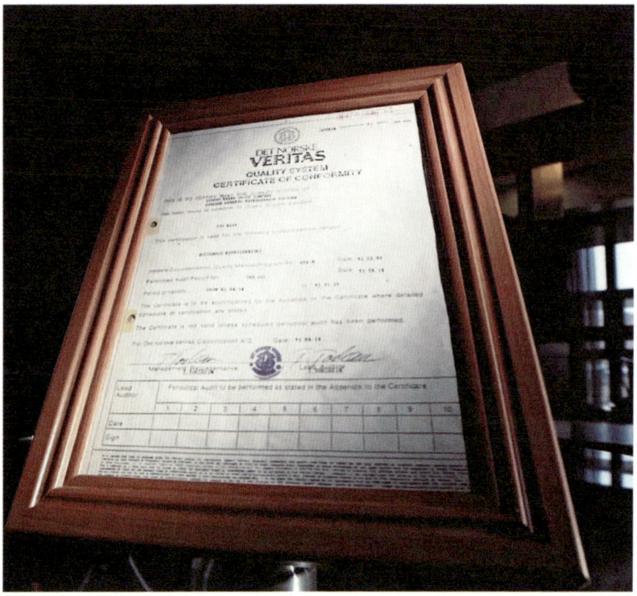

ISO9001证书

1992年9月，在公司全体员工的努力下，海尔成为第一家通过ISO9001质量管理体系认证的中国家电企业。

2001年12月3日，国家质检总局发布了《强制性产品认证管理规定》，中国强制性产品认证标志，即“CCC”标志诞生。第二年的5月8日，中检集团中国质量认证中心向海尔公司颁发了全国首张“CCC”证书。

从此，这个标志将与每个中国人的生活息息相关。

国际标准化组织秘书长

凯文·麦金利

ISO9001，这套标准从1987年起一直沿用至今，它将企业提高质量、建立质量管理体系很好地整合在了一起。ISO9001认证被视为企业进入新市场的通行证，同时也是一个公司拥有完善管理体系的象征。

海尔集团首席执行官

张瑞敏

质量一定是国际的。也就是说，你必须要说国际语言。我们当时提出先难后易，也就是先出口到发达国家，接受他们的考验，接受他们的检验。所以当然是先出口到德国、美国了。接受他们的检验，首先就是质量标准。

国家认证认可监督管理委员会原主任
孙大伟

——

对于企业而言，第三方认证机构可以帮助企业提高质量；对于消费者而言，它可以指导消费，通过它的评价结果，消费者可以判别质量和服务的优与劣，进而能够进行理性的消费。

1992年张瑞敏前往美国工厂考察

认证对消费者的引导作用，也逐渐开始为人们所熟知。

从ISO9001认证到“CCC”认证，海尔见证了认证在中国悄然开花的历程。

如今，我国与30多个国家和地区签署了121份双边合作互认协议，许多进出口产品已经可以做到“一次认证，一张证书，全球通行”。

中国正在向世界传递着信任。

2012年4月5日，美国斯坦福大学的大礼堂内，一场演讲座无虚席。

演讲的主讲人，是微软的创始人比尔·盖茨。谈及创新时，比尔·盖茨拿出了一件中国人自主研发的产品。

“我所要说的发明就是这个——商环。它的出现

中国检验认证集团原董事长
齐京安

——

实际上，认证也好，检验也好，传递的是什么？是一种信任，让社会、让公众、让消费者信任这个产品。只要你说了一次谎，恐怕没有人再相信你了。所以，我们作为第三方提供全面质量服务，尤其看重我们的信誉。

大大地缩短了一项手术的时间，几分钟就能完成。现在中国有很多成功的案例，它们的产品体现了创新与高质量，这些产品在全世界都有所作为。比如，商环解决了一种非常重要的需求，大大优化了男性包皮环切手术的过程，从而降低男性患艾滋病的几率。”

商环通过了医疗器械业界公认的标准最严苛的美国食品药品管理局（FDA）认证。2015年，商环被列入世卫组织的全球“防艾”推广计划，成为首个被世界卫生组织向全球推荐的中国医疗器械产品。

但让商环的发明者商建忠先生奇怪的是，国际上的声誉既没有让他得到相应的效益，也没有让中国消费者得到更好的产品。

2010年3月的一天，一通投诉电话被直接转到了商

“商环”生产车间

英国天祥集团总裁

骆嘉华

随着中国市场变得越来越大，质量认证的核心将变得越来越重要，我们很愿意与中国继续建立联系，分享、学习全球发展趋势，确保中国的认证业不断发展，并从全球的发展中获益。

美国微软公司创始人

比尔·盖茨

商环的发明使人们意识到，需要用合适的工具去改善这个过程。所以我们基金会找到了它（商环），并帮助这个企业进行提升，去改善数以万计人们的生活。

中国商环技术发明人、圣大医疗器械技术有限公司董事长
商建忠

目前最大的困难就是假货，把我们手脚全部绑住了。伪劣产品由于成本低，管理松懈，质量不稳定，会对患者造成极大的危害和后遗症。但是假冒的产品卖得便宜，挤占我们的市场。

美国康奈尔大学医学院教授
李石华

商环现在做得蛮伤心的，有好多山寨产品。医生有的时候也确实不太清楚哪一个是正宗的，哪一个是山寨的，病人就更不知道了。

建忠的办公室。电话里，消费者痛述道：“因为贵公司产品的质量问题，手术不但没有成功，还因此患上后遗症，花掉了上万块钱。”

一个在国际上屡获好评的产品，在国内消费者眼中的质量口碑竟有如此大的落差，作为产品发明人和公司总经理，商建忠怎么也不敢相信会出现这样的问题。

不过，调查的结果却让商总感到更加不知所措：这名消费者购买的压根儿不是商环产品，而是地地道道的假冒货。

1985年，就在海尔厂长张瑞敏亲手抡起第一锤砸向76台质量不合格的电冰箱之时，广州万宝、嘉兴益友、天津冰峰，这些今天早已销声匿迹的企业，正在疯狂地引进着国外的生产线，炮制着廉价而劣质的冰箱产品。

1987年，当杭州老百姓在市中心的武林广场上点起一把大火，将5000多双温州生产的假冒伪劣鞋全数烧掉之时，温州以及浙南众多城镇的居民正准备带着印有“中国制造”的产品走出国门，并即将成为世界上最活跃的一支商人队伍。

直到今天，对希望脚踏实地做好产品的商建忠和遭受损失的消费者而言，假冒伪劣仍然是切肤之痛。

比尔·盖茨所赞赏的中国质量，却在市场中遇到了和500年前阿尔多出版社同样的困境。

2014年5月，安徽省高级人民法院，一场关于商环侵权的案件终于到了终审的法庭。法官最终判决，武汉一家公司必须停止对商环的侵权，并赔付商建忠30万元人民币。

30万远远不及山寨产品导致的市场损失，甚至都不够商建忠多年来打官司维权的成本。包括那通投诉电话在内，众多消费者的损失又该谁来买单？

2016年3月，在十二届全国人大四次会议上，新疆代表团35名代表、黑龙江代表团30名代表联名提出一个共同的议案：加快制定质量促进法。此外，上海、河北、湖南等代表团也都提出了相同或相似的议案。

不同于美国的《质量振兴法案》，这部还未成文的议案并不打算单一地以设立国家质量奖为主要内容。

1993年，《中华人民共和国产品质量法》颁布。在此后的20多年间，与质量相关的法律制定了11部，也有多部保护知识产权、维护市场秩序的法律。然而，在市场化改革进一步深入的今天，这些偏重于政府部门监管的法律，在执行的过程中仍然遭遇着重重阻碍。

质量促进，质量激励机制，企业质量主体责任，群众性质量管理活动，以及连接“信用孤岛”的质量诚信

原《经济日报》总编辑、中国发展研究院院长

艾丰

谁认为应该把产品生产得很糟糕，不应该生产得很好？没有一个。谁都认为应该生产好产品，不应该生产坏产品。所以不是认识问题。是什么问题？是利益问题。利益问题是责任问题。那么责任问题是什么问题呢？责任问题是法治问题。谁说该谁负责，不是你说也不是我说，是法律说。法律就是这么规定的，这件事就应该你负责。

德国著名管理学家、《隐形冠军》作者
赫尔曼·西蒙

——

我上一年在天津见了一个汽车工业的供应商。他说，我们的成本提高了，但是价格却不能相应提高，这是不公平的，我该怎么办？我说，创新啊，这是唯一的方法。他接着说，当我开发出了新产品，马上就被我的竞争对手抄袭了，这不值得。

国际质量科学院院士、国务院原参事
郎志正

——

政府给一个很好的市场环境，给予政策的支持，优胜劣汰，奖优罚劣，促进企业提升质量。对于好的企业，产品、工程、服务好的企业，一样给予激励。

体系……一个促进质量发展的社会共治体系，蓝图近在眼前。

2016年，在假冒伪劣维权斗争中挣扎了六年的商建忠，终于看到了希望。

明朝改革家张居正曾说过：“天下之事，不难于立法，而难于法之必行。”

中国质量，不可能一蹴而就。质量强国之路，也正是一步步完善法律法规、提高国民法治意识的漫漫长路。

因为，质量就是诚信，质量就是责任！

随着人类的进步和发展，在市场丛林之中，信任的传递总会面临新的阻碍。但也正是这些阻碍，促成了完善市场、完善法治的一次次机会。

1804年，在阿尔多出版社遭遇商标侵权的300年之后，法国颁布的《拿破仑法典》第一次肯定了商标权与其他财产权同样受保护。

1879年到1905年，共有190项与食品药品立法相关的议案被提交给美国国会。最终，美国《纯净食品药品法》在1906年正式出台。这部法案让FDA的成立有法可依，也让荼毒美国婴儿大半个世纪的“泔水奶”彻底变成了历史。

2013年5月6日，在“马肉风波”掀起信任危机之

《拿破仑法典》

美国食品药品监督管理局（FDA）logo

巴黎高等行政学院教授、原法国总统经济顾问

尼古拉·巴维莱兹

我认为最重要的一点是，市场是一个体制，为了使供给和需求正常运转，我们必须有法规，有法治国家，有一切可以使供给和需求促成合理价格的必要条件。我认为，今天的中国已经完成了主要的方面，但仍然有一些市场经济的体制需要完善，尤其不容置疑的是，中国的法治建设还有一些提升空间。

北京大学质量与法治研究所所长、中国质量万里行促进会会长

刘兆彬

让质量成为一种信仰。信仰什么呢？质量背后就是人的公平、自由、平等，就是要以人为本。只有法治才有预期，只有法治才能提供公平竞争的环境。我们现在的质量的法治还不完善，没有一个全民族的法治文化。

后，欧盟委员会通过了一揽子立法提案，旨在强化食品从生产到消费全过程的质量溯源体系。

“法律，在它支配着地球上所有人民的场合，就是人类的理性。”1748年，法国启蒙思想家孟德斯鸠曾在《论法的精神》中对法律下过这样的定义。

当然，呼唤法治并不意味着人类会走向一个不讲人情、不留情面的社会。恰恰相反，法治向公众传达的是一个极其简单的理念：**信任的背后是责任，比利益更重要的是社会的公平与正义。**

第五章

风云再起

❶ 振华重工的巨人转身

2013年3月29日，美国迈阿密港口掌声四起。时任美国总统贝拉克·奥巴马正在此发表演说，鼓励更多的企业参与投资美国的基础设施建设，为当地创造更多的工作机会。

然而，突如其来的一阵烈风让这场原本振奋人心的演说遭遇了尴尬。在总统背后的巨型起重机上，原本用来遮挡商标的星条旗意外飘落，露出的是一个中国品牌——振华重工。

美国迈阿密港口奥巴马演讲现场

如同其他的“中国速度”一样，上海振华重工用了短短20年的时间，凭借优异的性价比，铸造了港口机械市场的“日不落帝国”。

据权威杂志《世界货运新闻》统计，当今世界有超过八成的岸桥订单交给了振华，也就是说，有港口的地方几乎都可以看到振华的商标。

就在这本该让“中国制造”扬眉吐气的2013年，振华重工的净亏损竟然达到了10.43亿元人民币！

“20世纪是生产率的世纪，21世纪则是质量的世纪。”这是国际质量管理大师约瑟夫·朱兰在1994年作出的预言。

当“中国制造”主要依靠低成本而成为全球最具辨识度的标志时，风云变幻的质

振华重工长兴岛基地　中国上海

振华重工集团开发的智能码头

量世纪刚刚拉开序幕。

劳动力成本优势的丧失、无法忽视的产能过剩、科技积累“底气不足”，这些令人不安的字眼，并不仅仅出现在振华重工一家中国企业面前。

“中国制造”此时需要面对的，已然是一部牵涉国际舞台中所有大国的竞争大片。

2014年，振华重工的首个“智能码头”在厦门港试运行。

绵延几公里的海岸线上看不到一个人影，智能互联的自动化设备几乎包揽了港口运输的一切工作。可以说，这是一个名副其实的“魔鬼码头”。

开发“智能码头”的这一年，正是振华重工最不好过的2013年。

虽然占有了全球最高的市场份额，但振华的决策层发现，来自发达国家的竞争者

上海振华重工集团董事长

宋海良

原来我们的劳动力成本大概是别人的三分之一或者四分之一，到后来可能到二分之一，到三分之二，但是我们的工业化水平、技术水平又没有达到那个高度。靠数量的驱动、低成本的驱动要素，原来可能不是个问题，现在就变成了一个问题。

上海振华重工集团质量安全部总经理

陆建华

对于劳动密集型的装备制造领域而言，企业要想有一个良好的转型，需要从原来单一的劳动密集型向全面的自动化要效益、要品质。

正在用高科技的产品升级和全生命周期的维护服务抢占振华的客户，同时原有产品也因为劳动力成本的升高而不再具备价格优势，原有的生产方式难以为继。

头破血流也得上，“智能码头”项目成了救命稻草。甚至，振华还在与上海交通大学、同济大学等机构的“产学研”合作中追加了研发经费。

“创新驱动，质量为先。”

一面是发达国家在先进制造业领域的争夺战，另一面是新兴经济体利用人口红利加快追赶步伐。

前堵后追，正是振华重工也是“中国制造”在当下面临的局面。

创新驱动成了唯一的选择。但值得注意的是，质量为先，也被摆到了从未有过的重要位置上。

❷ 德国博世集团的激流勇进

2009年12月，博世集团董事会的年度会议陷入了僵局。

CEO邓纳尔博士和众多董事会成员正面临一个两难抉择：是投资兴建酝酿了五六年的微型传感器生产工厂，还是裁员与缩减规模，以应对突如其来的寒冬？

一年前，全球金融危机爆发。短短半年内，美国超过500家金融机构、257家大

金融危机中的纽约证券交易所

企业轰然倒下，英国经济萎缩超过7%，GDP出现负增长，冰岛国家破产，西班牙失业率攀升至25%。德国虽不以金融业为主导，但也未能幸免。2009年，博世集团遭遇了60多年来的第一次亏损。

但最终，面对空前的经济压力，董事会通过了一项惊人的决定：投资六亿欧元，建造新厂！

这，也是博世历史上最大的一笔单项投资。

2012年，全球最大的汽车发动机零部件生产工厂——博世费尔巴哈工厂，迎来了史无前例的大改造。上千个微型传感器被安装在了车间的各个角落，而每个车间门口也都有一面比人还高的触摸屏。

通过这些传感器，任何一颗螺丝在拧紧过程中的扭矩值都可以被精确测量、数字化，并且实时地传输到触摸屏上。换句话说，这是一间完全透明的工厂。

作为一家130岁高龄的家族企业，逆势投资的微型传感器和费尔巴哈工厂的大改造绝非一时的心血来潮。

博世探索的目标，便是日后的德国“工业4.0”。

2014年4月6日，在世界最大的工业博览会——汉诺威工业博览会的开幕式上，德国总理默克尔向世界宣告：“对于德国来说，‘工业4.0’是一个里程碑。德国希望能够在传统制造业仍然保持世界领先地位，并且在

美国哈佛大学肯尼迪政府学院教授、原美国总统经济顾问委员会成员
杰弗里·弗兰克尔
——
这场危机因突如其来与具有巨大的危害性，而令世人诧异。当希腊债务危机在2009年末到2010年爆发时，欧洲的经济变得更加糟糕了。欧洲和很多国家的国内生产总值始终没有恢复。

德国著名质量管理学家
赫尔曼·西蒙
——
2008年的经济危机确实带来了负面影响，包括在德国。对于仪器、器械和汽车等非日常必需品，人们购买起来会比较慎重。

德国博世公司高级副总裁

卡斯腾·穆勒

——

我们以前需要很多纸张记录数据，以得出改善质量的方法。如今通过这套系统，我们可以自动记录这些数据。通过对机器反馈的充分利用，我们能高效地发现生产线的弱点和质量改进的潜力。

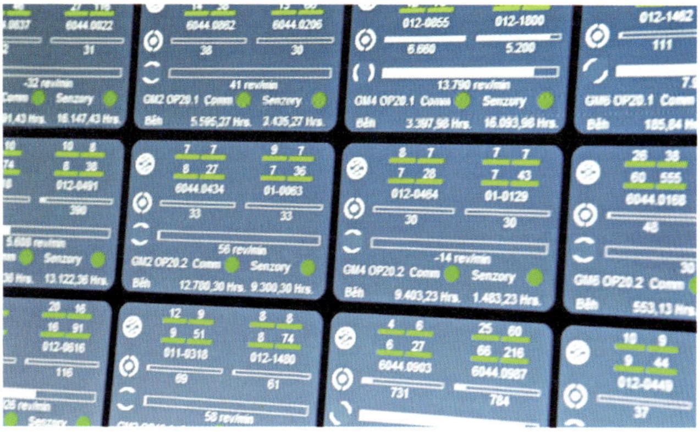

博世贵尔巴哈工厂里的触摸屏

适当的时候将其与现代信息技术结合起来，使德国在工业领域继续保持世界市场领头人的地位。”

从20世纪六七十年代开始，许多发达国家开始推行“去工业化”战略，金融、服务、文化成了新的经济增长点，传统制造业则被转移到了发展中国家。

但此时，人们发现德国奇迹般复苏的秘诀，竟然就是曾经被各国忽视的制造业。

2013年9月，法国政府发布“新工业法国”战略，全面学习德国“工业4.0”；意大利政府推出“目标意大利”计划，助力“意大利制造”；同年10月，英国政府推出《英国工业2050战略》报告，希望用实际行动找回曾经无限荣光的“英国制造”。

事实上，当金融危机把“去工业化”的浪潮转化为一场海啸的时候，“增长乏力”“就业疲软”“贸易低迷”这些灰蒙蒙的词汇，似乎在告诉人们一个时代的远去，也给了全世界一次思考转型的契机。

③ 中国电商的质量监管

2015年11月11日0点，亿万双手同时动作，分分秒秒之间，交易额不断刷新。

天猫订单创建的峰值达到每秒钟14万笔，这样的狂热持续了24小时。2015年，天猫“双十一”的全球购物总交易额超过912亿元人民币，再创历史新高。

1994年，中国第一次接入互联网，21年后中国的网民规模达到了6.68亿，位居世界第一。

2015年天猫“双十一”总交易额超过912亿元

移动互联网改变生活方式

海尔集团胶州空调互联工厂总装A线员工

王阳阳

——

通过互联网平台，大家可以看到每个用户的个性化需求，然后我们根据他的需求进行专属定制，比如除甲醛、自清洁等功能，来实现他的个性化定制。

而正因为互联网能够最快、最广泛地了解用户的个性化需求，所以在新一轮的科技革命和质量竞争中，互联网与中国完整的工业体系和产业链条相结合，也许就是中国的优势所在。

从互联网思维到互联网企业，从移动支付到共享单车，在互联网领域，中国已经成了一个不折不扣的创新大国。

不过，另一个不太被人提及的数据是，在2015年互联网电商天猫“双十一”的912亿交易额当中，有相当部分产品被退换货。

其中，一种特殊的创新产品成了因质量问题被退换

儿童安全座椅示意

货的热门——儿童安全座椅。

实际上，这种专门为儿童乘车安全所设计的产品在欧洲和美国已经非常成熟，但直到近几年才开始在中国流行。

2015年，国家认监委出台规定，所有儿童安全座椅必须通过“CCC”认证才能上架销售。但看似市场上销声匿迹的成千上万的不合格座椅，又在网上冒了出来。

创新就像一枚放大镜，在将优势放大为红利的同时，如果质量管理没有与时俱进地创新，那么中国原有的质量问题也就会随着这场创新的风潮而放大为灾难。

当机立断。一个月后，一项名为“云桥”的项目悄无声息地启动。2015年12月，阿里巴巴与国家认监委达成协议，成为首家接入国家“CCC”认证信息数据库的

阿里巴巴集团创始人

马云

——

如果传统经济用新经济、互联网的手段，用新的技术，那就是新经济。因为有了信息时代，世界已经从工业规模化、资本化、大规模的生产，走向个性化、柔性化。人们进入信息时代，跟工业时代是有巨大区别的。

中国社会科学院工业经济研究所所长
黄群慧

——

电商，其实是由于“互联网+”和销售融合在一起后产生的一种新的销售业态。但这个过程中，因为缺少直接感官的可检验性，就容易导致低质量产品有一个相应扩大的效应。但问题在于哪里？并不在于技术本身怎么样，关键在于相应的质量监管有没有跟上。

电商平台。

超过40万件没有通过“CCC”认证的儿童安全座椅被强制下架。新发布的商品，也必须提供“CCC”认证的证书。

2016年，大数据、共享、云计算这些崭新的技术开始助力新时代的质量监管。

如此地紧锣密鼓，正是因为我们已经深刻认识到，当劣质产品通过互联网死灰复燃，浪费的不仅仅是买家换货、退货所消耗的成本，更是在透支“中国制造”的信誉和未来！

阿里巴巴集团总部 中国杭州

④ 智能马桶盖风波

2015年1月25日，一篇名为《去日本买只马桶盖》的文章在发布后的24小时之内，阅读量达到60万。文章中提到“只要有中国游客团去日本，马桶盖每天都会买断货……这是日本制造的一次小规模逆袭”。

该文章作者吴晓波没有想到，在接下来的两个月里，关于这篇文章的大讨论会席卷全国，甚至成为2015年“两会”期间的重要议题。

不过，戏剧性的是，这些在日本被中国人疯抢的智能马桶盖，竟都是地地道道的“中国制造”。

浙江杭州的下沙经济技术开发区，松下公司最大的电化工厂就坐落在这里。作为最早一批进入中国的外资企业，松下公司见证了中国改革开放的历史。30年来，中国已经成为日本松下最大的生产基地，半数贴着“中国制造”的松下产品从这里走向世界。

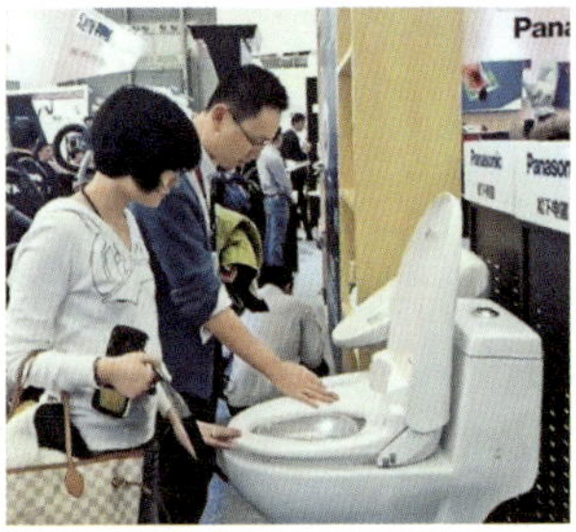

消费者在日本购置智能马桶盖

2004年，智能马桶盖的设计与研发中心迁到了中

松下公司电化工厂　浙江杭州下沙经济技术开发区

松下电器杭州有限公司上级工程师
胡一凡

——

松下智能马桶盖在1979年开始研发生产，距今为止大概有40年的历史。从2002年开始，我们参与到日本的团队进行一些学习、工作。经过一段时间，我们回到了中国。

国，研发人员绝大多数都是中国人。从2011年开始，无论是面向日本还是中国市场，松下智能马桶盖的生产已经全部在杭州进行。

因为中国人对智能马桶盖没有概念，中国市场的需求一直不温不火。杭州的销售团队抱着试一试的心态，将专门面向中国市场的产品拿去日本的免税店销售。

谁都没有想到，2015年，“爆买”成为日语里专门为中国人发明的新词汇。

对此，格力电器董事长董明珠认为“马桶盖事件事实上是中国企业在为过去的不诚信买单”；中国常驻联合国日内瓦办事处大使吴海龙表示“中国制造，制造一堆垃圾是不行的”；国务院总理李克强也做出了回应：希望中国市场能为消费者省下机票钱。

诚然，无论是电商上的劣质产品被大范围退货，还是“马桶盖事件”的发酵，这些社会热点无不显示着中国消费结构已在进行着转型升级，供给端的质量和品牌却没有跟上。老百姓对中国质量、中国品牌的不信任感，更让“中国制造”蒙上了阴影。

于是，松下牌马桶盖从设计、研发到生产、销售，全是中国人负责，唯独品牌是日本的。就是这个“唯独”，足以让消费者趋之若鹜。

今天，世界消费已经从“商品消费”逐渐转为“品牌消费”。消费者对好产品的信任，就会延伸到对一个企业、一个地区甚至一个国家的集体信任。

2017年12月18日，在中央经济工作会议上，习近平总书记提出：**“我国经济已由高速增长阶段转向高质量发展阶段。要推进中国制造向中国创造转变，中国速度向中国质量转变，制造大国向制造强国转变。”**

董明珠　格力电器董事长

松下电器杭州有限公司品质部部长

方正红

——

直接把日本的产品拿过来之后，在那些沿海地区、潮湿度比较高的地区，发生过一些问题。后来，我们对防潮性能进行了大力改善。现在，我们对防潮性能的要求比日本要高得多。

国际质量科学院院士、东京大学名誉教授

饭塚悦功

——

中国现在渐渐变得富裕起来，也会需要各种好的产品。喜欢日本品牌的，就会买很贵的日本牌子的东西，就是所谓的爆买。

中国工业与信息化部副部长

辛国斌

——

质量品牌是一个国家核心竞争力的一个集中体现。没有质量强国，就没有制造强国。《中国制造2025》提出“质量为先”的方针，就是要把质量作为制造强国建设的生命线，来体现质量、品牌在制造强国建设当中的突出地位。

松下电器生产线

中国高铁

当中国高铁在欧洲、亚洲开跑，当中国核电在非洲、欧洲落地，当大飞机开始试飞，当中国制造开始全面转型，当“创新大国”“质量强国”的口号响彻华夏大地的时候，品牌大国的建设就显得至关重要。

以质量强国，上升到了国家战略的高度。

⑤ 重新定义的“深圳制造”

2010年，中国深圳，大搬家成了制造业的常态。

世界最大的代工厂富士康，带着生产线和30万工人离开了已经扎根20多年的深圳。与此同时，一个员工不到百人的小公司——大疆创新，搬进了深圳南山科技园。

一个进入，一个离开，仿佛是一种象征，喻示着一个城市的流变。

大疆创新科技有限公司公关总监

王帆

我们的创始人汪滔，一方面是在做无人机的产品，更重要的是我们希望在全球范围内重新定位“中国制造”，重新定义“中国制造”，改变“中国制造”。

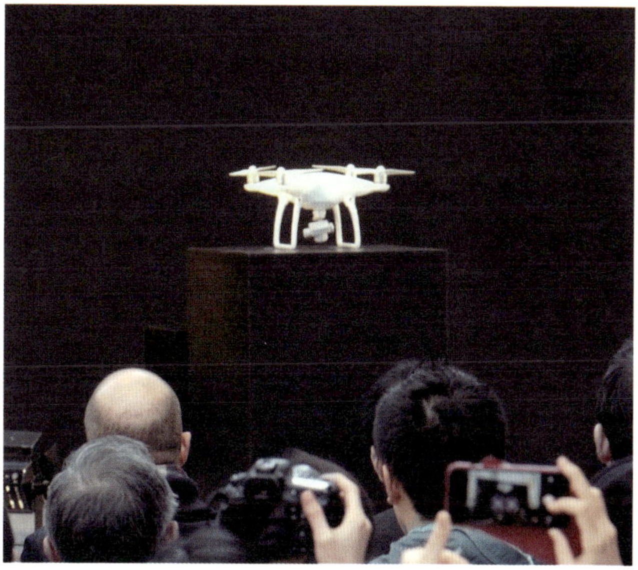

大疆创新产品受世界瞩目

“深圳制造”是“中国制造”的某种缩影，曾经它的优势就在于价格低廉。但增长的极限很快来临，不过30年的光景，“深圳速度”不仅释放了特区的所有优惠红利，而且预支了城市的能量。

这座曾经引领了中国经济崛起潮流的城市，最早感受到粗放式经济带来的伤痛。

对于这种伤痛，大疆创新有着切身的体会。

在国外的报道中，屡屡提到这样一句话——“大疆创新不像一家中国公司”。对于大疆来说，中国似乎从来没有因为“中国创造”昂首挺胸过，中国企业在国际上似乎也成了二流企业。

2002年，人民网张贴了万字长文《深圳，你被谁抛弃》，发出了深圳面临衰落的盛世危言。

一石激起千层浪。一座城市，开始反省。

过高的生产成本，正在让中国的产品丧失国际竞争力。一直以来，以发展为第一要素，以能源消耗、环境破坏、劳动力价格低廉为特征的“深圳制造”，还能继续下去吗？

截至2015年，大疆名下有实用新型专利224件，外观设计专利89件。大疆公司拥有的3000多名员工中，半数是研发人员。

深圳创新发展研究院副院长

唐惠建

——

拿来主义，拿来以后就仿冒。关于仿冒，有个笑话：产品大量生产出来以后，人们问产地是哪里，卖家也不好说是哪个地方，也不知哪个厂，于是设计了两个字——“SZ”，山寨的意思。深圳——山寨。当然这是笑话。

时任深圳市市委副书记、市长

许勤

——

2008年我们提出要进行转型，后来提出“深圳速度”向“深圳质量”转变。创新是提升质量的关键，新的技术能够提升产品的质量，很多方面我们是围绕着质量在追求的。

美国微软公司创始人

比尔·盖茨

——

在中国转型发展的起步阶段中，我们也看到了许多很好的例子。这些具有高附加值的产品会有着持续的发展，它们不仅会引领本国市场的发展，还会带来更高层面的全面繁荣。我对接下来的发展充满了期待。

国务院发展研究中心副主任

隆国强

——

我们强调要转变经济发展的方式，更高地提升宏观的质量和效益。我们除了在经济内在方面，通过质量的提升，既满足国内消费结构的升级，带动中国经济进一步增长，又同时适应中国比较优势的变化，提升我们在全球的国际分工的地位。

如今的大疆创新，已经成为无人机这个新兴领域的第一品牌。

美国著名科技媒体《前沿》评论道："中国公司首度在全球范围内建立起一个全新的消费电子产品范畴。"

而2015年"全球最具价值的品牌一百强"中，来自深圳的华为公司排在了第94位，是中国唯一上榜的企业。

2015年，在中国社会科学院发布的《中国城市竞争力报告》中，深圳超越香港，跃居第一。深圳的国际专利申请量约占全国一半，一批企业和产品已经处于世界前沿。

2016年12月14日，习近平总书记在中央经济工作会议上再次掷地有声地强调："**坚持以提高经济发展质量和效益为中心，要树立质量第一的强烈意识，下最大气力抓全面提高质量。**"

质量和效益，已然是当今中国发展的主旋律。创新、协调、绿色、开放和共享，正在成为中国人共同的发展理念。

而正是无数的中国质量，无数的中国品牌，构成了经济发展的质量和效益。

⑥ 培养质量人才，传承质量精神

2017年3月29日，第二届中国质量奖颁奖仪式在人民大会堂举行。在众多企业高管的身影之间，一位特殊的工人站上了领奖台。

高凤林的“特殊”在于他的工作对象——被称为火箭心脏的发动机。不过，与人们印象中的“高精尖”不同，高凤林“特殊”背后的普通，却是因为他的岗位仅仅是航天工程中一道微小的工序——焊接。

事实上，就在37年前，刚刚毕业的高凤林得知自己被分到焊接车间时，心情就如同一位没找到好工作的高材生。

老老实实地做一个焊接工人，并且乐在其中。高凤林凭借着这样的人生信条，成就了自己精益求精的工匠技艺和工匠精神，成功将130多枚长征系列运载火箭送上太空。

从全国劳模，到科技进步二等奖，再到今天的中国

第二届中国质量奖得主

高凤林

——

人家说焊接多枯燥，在我眼里它不是枯燥的。任何一道焊缝，它的内部是什么样的，将达到一种什么样的最好的状态、最精的控制，达到最极致的一种效果，都是需要从知识到实践进行严格的把握和控制，所以前期的基础跟后期的成长是需要长时间的注入。

高凤林指导年轻人

质量奖，高凤林早已是功成名就。然而，这位55岁的工人并没有选择进入管理层。

2005年，高凤林班组成立。2011年，国家以高凤林的名字，将其班组命名为国家级技能大师工作室。

在他看来，只有留在一线，才能亲自将积累了37年的“独门功夫”传给下一代的焊接人才。

如今，这个只有十几名成员的工作室中，已经有三名高级技师和三名特级技师。航天科技集团新来的学徒都希望能够进入高凤林的班组，哪怕只是短期的实习。

但是，高凤林毕竟不能成为所有人的老师。

火箭心脏的焊接，是一个特例。如此高精度的工艺，因为依赖于长期积累的经验，所以只能在师徒之间传承。但是，更为广泛的工作岗位，显然无法停留于中国传统“师带徒”的人才培养方式。“教会徒弟，饿死师父”更是长期存在于中国师徒之间的心结。

工匠精神、工匠技艺的传承，需要的更是质量人才培养的现代化。

在德国，有一句著名的格言——“不教青年人手艺，等于让他们去偷窃”。德国的小孩动手能力强，这是全世界公认的事实。

当书本不只是成长道路上唯一获取知识的途径，当少年时期就被教授如何尊重工具，并且利用工具做出物品。人们就会对产品的质量，自然生出别样的感情。

据统计，德国每年有近60%的青少年接受以“双元制”为核心的职业教育服务，拥有职业资格证书的人在德国全部劳动力中占80%。

德国政府认为：“德国经济强势的根本原因，在于有一个统一而卓越的职业教育和职业继续教育体系。”

建设大国质量要依靠国家战略的实施，国家质量基础的奠基要依靠科技的发展和制度的完善，但归根结底，需要每个岗位上的参与者都踏踏实实做事、踏踏实实做人。

今天，我们常说的“质量”这个词语，来源于西方的“quality”，它在古希腊语中的本义是“哪一个”，是物与物之间的比较。但早在“quality”译成汉语的一千多年前，“质量”一词就在华夏大地上使用。它在古

德国博世公司培训总监
西格弗里德·佐克

德国职业培训可以追溯到中世纪时期，那时候手工业行会负责培训学徒，而这一体制随后不断发展，如今这正是“双元制”职业培训最重要的特征，企业和职业学校双方共同负责培训年轻人。理论部分在职业学校里进行，而实践部分则在企业里进行。

中华人民共和国驻德意志联邦共和国特命全权大使
史明德

因为企业知道自己需要什么样的人才，所以大多数的职业学校或者职业高校都是由企业自己自筹基金，和企业一起制定教学大纲，培养出来的人才就是有针对性的可用之材。

原国家质量监督检验检疫总局局长

支树平

——

我国正从一个大国走向强国，大国与强国的一个重大的区别就是质量，所以我们平常讲“质量强则国家强”“质量兴则民族兴”。党的十九大做出“我国经济正从高速增长阶段转向高质量发展阶段”这么一个重大的判断。党中央明确提出“推动高质量发展是当前和今后一个时期确定发展思路、制定经济政策、实施宏观调控的根本要求”。这个重大判断，这个根本要求，全社会包括青少年一代，都要深刻领会、高度关注、顺势而动、有所作为。

汉语中的本义是“资质”与“器量”，即人的质量。

对于一个大国中的每个个体，追求质量就是追求更极致的自我。国与国的质量角逐，取决于这一代人的创造与改变，更掌握在下一代的手中。

匠心的种子，如果在国民教育中生根发芽，必能成长为一片“中国质量”的森林。

当前，在世界经济复苏缓慢、增长动力不足的大背景下，抓住质量这个突破口，培育发展新动能，打造发展新高地，是世界各国的重要选择，也是时代的重大命题。质量管理是世界性话题，改善质量供给需要各国共同行动。

无论是德国的“工业4.0”、日本的“创新25”，还是美国的“先进制造业计划”，各国都聚焦于新一轮的工业革命和产业变革。世界，从来没有如此一致。

2017年9月15日，第二届中国质量大会在上海开幕，习近平总书记在致大会的贺信中指出：**“质量体现着人类的劳动创造和智慧结晶，体现着人们对美好生活的向往。今天，中国高度重视质量建设，不断提高产品和服务质量，努力为世界提供更加优良的中国产品、中国服务。”**

2017年12月22日，第三届《中国质量奖及提名奖建议名单》公示，引发社会关注。人们注意到，与往年以制造企业为主不同，这次的名单中还新增加了服务业、工程建设业、医疗机构和教育机构等行业中的代表单位和个人。

第二届中国质量大会现场

今天，质量的内涵已经延伸到了社会生活的方方面面，与人们的生活更是息息相关。我们的所有努力，都是为了通过提高质量，不断促进经济发展、民生改善，为中国也为世界人民的美好生活做出贡献。

质量竞争，风云再起。

在新一轮的产业革命中，更新的技术、更坚实的基础、更有效的管理、更强大的品牌、更卓越的质量，就是未来发展的话语权。

中国创造——中国品牌——中国质量。中国，正在阔步前行。

剑桥大学可持续发展领导力研究院研究员

托尼·朱尼珀

——

世界上很多人都认为新一轮产业革命正在来临，基于人工智能、生物科技、绿色化学、生物医学、可再生能源、绿色新技术等，因此，这是个令人激动的时代。在我看来，我们应当把质量放在中心位置，乃至首要位置来考虑。

纪录片《大国质量》从2015年立项开始，到2017年初版制作完成，经历了两年的打磨。在当时的社会背景下，“国门安全”“匠人精神”都是人们热议的话题。在协调播出的这一年多的过程中，社会热议的话题有了多次转移，而有些问题，比如如何理解匠人精神，质量提升的重点是否主要在于匠人精神，等等，从审片方到摄制组都有着新的思考。根据观众的观看习惯，以及结合时下热点，最终决定纪录片以五集的形式播出。

第六集、第七集的内容虽然最终未能呈现在观众面前，但是，相信在今后很长一段时间内，这些案例和经验依旧能够为读者提供一定的启示。因而，在图书版本中我们将其保留，希望呈现给读者一个完整的《大国质量》。

第六章

风险世界

❶ 印度博帕尔事故

1984年12月3日0点30分，印度中央邦首府博帕尔市北郊的农药厂中一个储气罐内，压力正在急剧上升。0点56分，储气罐阀门失效，45吨氰化物开始以气态向外泄露。

清晨，方圆40公里的博帕尔市区，一座座房屋完好无损，但人和牲畜的尸体却随处可见。72小时内，超过8000人被直接毒死。

医院里挤满了中毒患者，但医生对泄漏气体的成分一无所知，根本无法采取针对性治疗。而运营这座农药厂的美国联合碳化物公司，却以“商业秘密”为由拒绝公开泄漏气体的化学资料。

最终，这次事故造成了超过58万人死亡，20多万人永久残疾，波及的总人数高达150万。博帕尔事故成为人类历史上最严重的化学工业灾难。

这一年是1984年，美国苹果公司在麦金塔电脑的发布会上公布了一则广告，以打破独裁牢笼的运动员形象宣告了乔治·奥威尔的“1984预言”并没有如期到来。

印度人满怀希望，现代化的富足似乎也指日可待。然而，这场席卷全球的工业化、标准化运动，却以最残酷的方式，将其连带的风险与灾难强加到了他们身上。

在跨国公司榨走了印度的劳动力和财富，却不愿意承担责任的同时，印度政府竟没有任何能力保护她的人民。有关博帕尔事故的消息，连同几十万逝去的生命，很快销声

博帕尔事故中的印度儿童

匿迹。

世界贸易扩大、工业生产增长、技术创新涌现，人类为了提高生存质量所做的一切，并没有创造出一个“美丽新世界”。恰恰相反，它们就像催化剂，将一个个原本微小的质量问题瞬间放大为一场场灾难。

血泪的教训，让人们再也无法忽略质量与安全之间的密切联系。越来越多的不确定因素、不可控力量，进入人类生活。

人类，由此被卷入了一个风险世界。

❷ 瘟疫与检验检疫制度

中国社会科学院世界历史研究所研究员

王旭东

——

卡法城在丝绸之路上的地位实际上非常重要，因为卡法城是丝绸之路的中转站之一，所谓的中转，实际上是从陆路向海路的一个转折。

费奥多西亚，黑海之滨，著名的疗养胜地，常住人口不到十万。中世纪时，这座城市的名字叫卡法。700多年中，卡法城一直是古丝绸之路上的商业重镇。

1345年，一路西征的蒙古大军，兵临城下，繁华的卡法城瞬间被围得水泄不通，围困持续了整整一年。

僵持之际，戏剧性的一幕上演了。城外的蒙古大军突然撤离，城内的热那亚商人也争相西逃。此刻，人们还没有意识到，更大的风险即将笼罩欧洲大陆。

为卡法城“解围”的是黑死病，也就是今天人们所熟知的“鼠疫”。1338年，鼠疫首先在里海沿岸爆发，随后迅速蔓延到了中亚、南亚和东欧。1346年，死神降临。让所向披靡的蒙古铁骑无功而返的卡法城，最终被鼠疫攻破，瞬间化为一座死城。

1347年10月，卡法鼠疫幸存者的最后一艘帆船停靠在西西里岛的墨西拿港，与幸存者一同上岸的还有

费奥多西亚

黑死病肆虐的欧洲（绘图）

世界卫生组织驻华代表
施赫德

——

检疫期可追溯到很久以前，它是14世纪的一个术语，源自拉丁词汇“quarante”，意思是“40”，意味着远航至各地的船只返回到意大利时需要在岛屿上停留40天，才能被允许入境。当时没有治疗方法，也没有其他应对鼠疫的手段，所以人们拦下这些船只，把他们隔离到岛上，等待40天，以确保没人患病，才能够入境。这是史上第一次用现代手段去防止疫情进入国界，是在缺少治疗方法的年代所采用的方法。

传播黑死病的罪魁祸首——老鼠和跳蚤。沿着欧洲人苦心经营的商路，鼠疫开始在欧洲肆虐。

1352年，黑死病几乎占领了整个欧洲。7年间，因鼠疫而折损的人口超过三分之一，2500多万人被送进了地狱。

1348年，鼠疫席卷佛罗伦萨。

十位青年男女为了避难，逃到了城外的一座庄园中，与世隔绝。这个故事造就了文艺复兴的宣言之作——《十日谈》。然而无意中，薄伽丘似乎也发现了一个躲避鼠疫的方法，那就是与感染者隔离。

1374年，意大利商业最发达的威尼斯共和国建立了一项全新的制度——入境隔离制度。

诞生于地中海沿岸的国境卫生检疫制度，逐渐被欧洲的各个国家所接受。但对于一个庞大的东方帝国来说，直到20世纪初，“隔离”“检疫”“国门安全”仍然是陌生词汇。

1910年11月，哈尔滨，这个冬天似乎比以往都更加寒冷。人们对于突然到来的高烧、咳血和死亡，束手无策。路边随处可见被人遗弃的尸体，大祸临头的气氛，笼罩了整个市区。

12月18日晚，天津外务府的一封急电被送到了伍连

伍连德（前排左四）

德博士的案头，东北爆发了大规模鼠疫，已经有6万多人死亡。

伍连德，1905年获得了英国剑桥大学医学博士学位，后受邀回国，出任天津陆军军医学堂帮办。

接到防疫总医官的任命后，伍连德立即赶赴哈尔滨。相比欧洲人面对卡法鼠疫时的绝望，现在，伍连德手里有了一个更先进的武器——防疫科学。

果然，四个月之内，东北鼠疫就被扑灭了。

在人类历史上，这是第一次用科学战胜鼠疫。

1911年4月3日，“万国鼠疫研究会”在奉天举办，这是中国历史上举办的第一次国际学术会议。在对

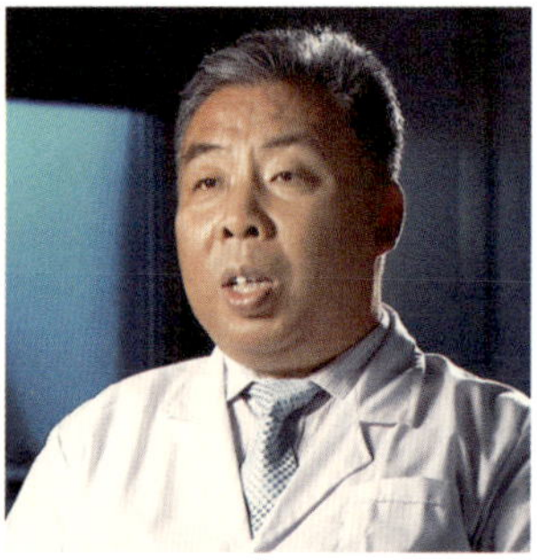

哈尔滨医科大学伍连德研究所常务副所长

张凤民

伍连德博士通过病原学的检查，确认了是鼠疫，是经过肺部传播的。之后通过伍式口罩、消毒等措施控制传播，同时对于感染或疑似感染的患者进行隔离，并对死亡之后的尸体进行焚烧。在多种措施的基础上，三个月内有效控制了这场疾病的大流行。

“万国鼠疫研究会”参会者合影

中华预防医学会秘书长

杨维中

关内的人都知道，旱獭走私是一个暴利，利润很高。他们就去捕捉旱獭，挖旱獭洞，把里面的实际上已经生病的正在等死的旱獭都挖了出来。

待鼠疫的问题上，清政府表现出了难得的开明。

但在伍连德结束会议回京述职期间，鼠疫再次爆发的传言就传遍了东北。伍连德急忙赶赴东北边境地区进行实地考察。

当时，走私旱獭皮毛是热门生意，捕猎者成群结队在中俄边境来回穿梭。

伍连德发现，正是旱獭走私将鼠疫杆菌从遥远的西伯利亚带进中国东北酿成了这场大祸。

为从源头上阻止鼠疫杆菌的传播，伍连德召集人员、筹备经费，准备建立国境检疫机构，禁止旱獭走私。

就在伍连德为防疫处的建立积极奔走时，辛亥革命爆发了。四个月后，清政府覆灭，中华民国建立。

尽管政治动荡，新成立的国民政府面对鼠疫风险却不敢有丝毫懈怠。1912年10月1日，伍连德主持的“北满防疫处”正式建立。

伍连德博士以一己之力，帮助当时的中国赢得了一场巨大的胜利。在伍连德等有识之士的共同努力下，1930年，中国政府在上海建立了全国海港检疫总管理处，统一管理国境卫生检疫业务。

自此，中国收回了由外国人掌握的海关检疫主权。

然而，好景不长。七年后，抗日战争爆发，中国东部边境的检疫权在战火纷飞中再次沦陷。

中华预防医学会秘书长

杨维中

伍连德不仅应对第二次鼠疫的大爆发，而且已经开始注意整个东三省的日常卫生管理了。有人说，伍连德是“中国卫生检疫第一人”，我觉得当之无愧。

❸ 近代中国的茶之战

中国检验检疫制度的艰难发展如同一面镜子，映射出近代质量安全管理的另一段心酸历史。

2016年4月，中国安徽，几张外国面孔出现在了徽州的古村落中。他们来自欧洲，此行是为了拍摄一部叫作《茶之战》的纪录片。

曾几何时，“茶叶”几乎就是中国的代名词。但鲜为人知的是，在那个“质量”还

纪录片《茶之战》拍摄现场

是陌生词汇的年代，茶叶究竟怎样影响了中国和世界。欧洲剧组的到来，为我们揭开了一段尘封已久的往事。

1848年10月的一天，安徽松萝山，一个身着长袍马褂的英国人走进了一家绿茶作坊。

这位“尊贵的绅士”名叫罗伯特·福琛，他受雇于英国东印度公司，此次来中国是为了窃取茶叶的制作技术。

在作坊内，福琛仔细观察了茶叶制作的整个流程。当福琛盯着最后一道翻炒工序时，他发现工人们的手指挂上了颜色。在作坊的另一端，监工正在瓷臼里研磨一种深蓝色粉末。

当时，茶叶是英国和中国之间最重要的贸易货物。为了确定收购价格，东印度公司需要对中国出口的茶叶进行检验和评级。因此，他们在中国广州和英国本土聘用了大批验茶师，专门负责茶叶的质量评定，世界现代商品质量检测制度由此诞生。

验茶师们需要大量试饮样茶，时有中毒事件发生。刚开始，人们认为这是饮茶过多导致的。直到1844年，有人发现，验茶师中毒是因为有些茶叶中掺杂了染色剂。

现在，福琛有机会为这个发现寻找证据了。

中国农业科学院茶叶研究所原所长

程启坤

1607年的时候，荷兰的商船通过厦门的港口把中国的茶叶运到欧洲，这是中国茶叶对外贸易最早的一个阶段。荷兰把茶叶卖给了英国，英国人也慢慢兴起了饮茶，饮茶量后来就越来越大。荷兰之后的英国也想到中国来买茶叶，所以贸易量就越来越大。

英国伦敦大学亚非学院历史学名誉教授

汤姆·汤姆林森

17-18世纪，英国东印度公司大多数的利润来自中国的茶叶贸易，出口茶叶无需支付额外税金。

武汉大学质量发展战略研究院研究员
宋时磊

——

当时有一批科学家，一直致力于用现代的科学手段来观察茶叶的掺假、着色的情况，譬如显微镜，等等。此外，政治家采取了一些政治运动，推动本国立法，禁止染色、着色、掺假的茶叶进口到英国。

中国农业科学院茶叶研究所原所长
程启坤

——

普鲁士蓝是一种油画颜料，在水里面溶解性很差，但是放在茶叶里面，如果着色以后，茶叶的外表会看起来非常漂亮，翠绿翠绿的。

他偷偷收集起一些染色粉末，送回英国本土进行化学检测。在1851年的伦敦世界工业博览会上，英国人将化验结果向全世界公布。

那时，每个伦敦市民一年大约消费一磅茶叶。这意味着英国人正在遭受染色绿茶的慢性毒害。

一时间，舆论哗然。

让英国验茶师们中毒的普鲁士蓝，是一种来自德国的合成染料。然而自从中国人开始喝茶，从来都不曾想过要喝经过染色的绿茶。

福琛坦言，由于西方消费者对于绿茶外观的特殊偏好，让晚清商人不得不在制作过程中多上这道工序。“一个文明人竟然会喜欢这种染过色的茶叶，而

普鲁士蓝

中国检验认证（集团）公司原董事长
齐京安
——
检验主要是指通过专业的观察和判断，适时地进行测量实验。检验主要是保证质量的一个基本手段，尤其可以追溯到源头上，因为它从原材料就开始了。

安徽省省级非物质文化遗产项目代表性传承人
王光熙
——
我们原来是手工杀青，旁边会有一个人在扇扇，“扇则翠，不扇则黄”。现在的流水线是上下风机，迅速冷却，保持它的色绿。

英国川宁茶叶第十代家族传人
史蒂芬·川宁
——
我认为，在茶叶悠久的历史中，特别是当中国茶最初到达英国的时候，在市场上很紧俏，因为我们卖的中国茶品质好而且价格高。曾经有一段时间，是东印度公司在负责采购茶。我想不到中国人会把染料、着色剂倒进茶叶里去改变茶叶的颜色，因为这对他们毫无益处，中国人崇尚诚信交易。

不是更自然的绿茶，这真是太可笑了。难怪中国人要把西方人看成是‘蛮夷’。”

既然传统中国绿茶的生产工艺中并没有染色这个环节，那么当年的安徽茶农是怎样学会绿茶染色的呢？又是谁将普鲁士蓝交到了他们手中呢？

答案至今无人知晓。

晚清的中国海关被英国等西方国家所掌控，东印度公司和其他国家的验茶师可以直接进驻中国的通商口岸。

所有不经过检验的茶叶，海关不予放行。

东印度公司的付出收获了巨额回报。在英国人的努力下，印度殖民地的阿萨姆、大吉岭和锡兰等茶叶品牌，迅速走向世界。

而质量检验、检测的缺失，则让晚清茶商们为了茶叶出口，“脖子望长，眼睛望穿”，等待着验茶师的到来。

1896年，英属印度的茶叶出口规模完全超越中国。

东西方两个大帝国的相遇，因为质量安全变成了一场悲剧。

今天，在福琛曾经到过的“绿茶之乡”——中国安徽，绿茶生产仍然是当地的支柱产业。

不同于一百多年前，工业化生产让中国绿茶重新登

武汉大学质量发展战略研究院研究员
宋时磊

大约1875年左右，英国又出台了专门的关于食品药品的进口法案，里面专门有一章就是写茶叶入口的话，要进行检验。它设置了中国茶叶进入英国市场的一个门槛。

印度茶叶

上了世界贸易的舞台。检验、检测、认证，正在帮助中国茶叶找回失去已久的自尊和自信。

如今，中国出口食品合格率长期保持在99.9%以上。

不仅在中国，这个机遇与风险同在的世界中，与质量安全相关的检验检测制度，早已成为各国通行的“第一道防线”，它所保障的不仅是一个国家的经济命脉，更是千百万普通消费者的生命安全。

英国伦敦政治经济学院社会学教授

布丽吉特·赫特

全球化是现代风险的另一来源。全球之间的来往越发复杂，各方互动也日益频繁与活跃，风险也随之增加。

中国农业部副部长

陈晓华

质量安全问题，包括农产品的质量安全问题，从本质上来讲，是一个发展中的问题。在这个事情上，世界各国没有谁敢打包票，发达国家也经常出现这样那样的食品安全问题。这个风险是始终存在的、客观存在的。作为政府来讲，始终要把问题可控，不能因为这些问题的存在影响老百姓的身体和生命安全。始终朝着这个方向去努力，这也是政府的一个基本职责。

安徽的绿茶作坊

④ 一根安全带的故事

瑞典沃尔沃汽车安全中心高级技术主管
洛塔·雅各布森

其实安全带最开始是应用于航天工业中的，用于固定座椅上的人。50年代的安全带并不具备很强的保护性。

正当许多人觉得科技发展可以解决一切风险时，事实却表明，层出不穷的新科技也许正在带来新的风险。

1902年5月20日，美国纽约，汽车的轰鸣声让赛道两旁的观众欢呼雀跃。

突然，一辆赛车冲出了跑道，从半空中坠入了观众席，当场撞死了两名观众，撞伤了十几个人，现场一阵混乱。

令人意外的是，失控车辆中的赛车手和技工却死里逃生。

这名幸运的车手叫沃尔特·贝克。由于担心自己在比赛中翻车受伤，贝克在他的汽车座椅上钉了几根皮带。汽车坠地时，皮带将贝克和他的技工牢牢地固定在车座上。

汽车安全带第一次出现在大众的视野中。

从1886年汽车发明，到1908年福特T型车下线，22

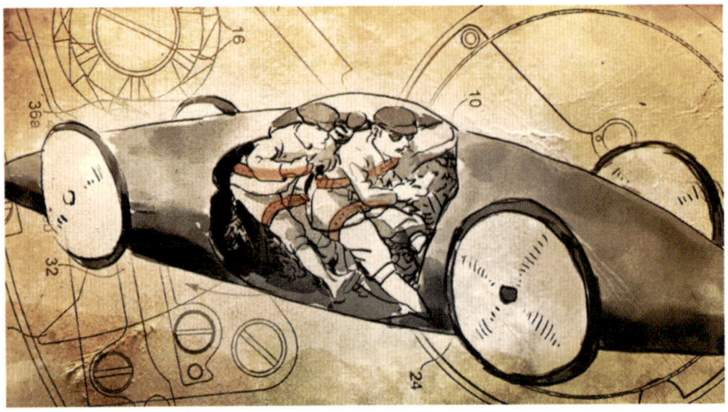

沃尔特·贝克与技工从事故中幸存（绘图）

年的时间中，汽车的平均时速从15公里提升到72公里。

除了蒸汽火车之外，这已是当时跑得最快的地面交通工具。

虽然安全带与汽车几乎同时出现，但在随后几十年中，却始终未能摆脱设计上的缺陷。

面对越来越多的车祸事故，瑞典沃尔沃汽车公司开始设计新型安全带。

诞生于北欧的沃尔沃汽车，从一开始就必须面对地广人稀的国土和冰天雪地的气候。正是这样的生存环境，让沃尔沃将“安全”放在了汽车质量的第一位。

1959年，沃尔沃公司的工程师尼尔斯·博林设计出了一款新式安全带。

令人意外的是，即便拥有这些优势，消费者却并不

瑞典沃尔沃汽车集团高级安全技术顾问

扬·伊瓦森

从沃尔沃创立之初，创始人就很关注技术发展与人类的关系，这正是我们注重汽车安全的原因。汽车由人来驾驶，因而它必须是安全可靠的，所以安全性深深根植于我们的传统之中。

瑞典沃尔沃汽车安全中心负责人

玛琳·埃克霍尔姆

安全性一直是我们的核心价值观。我们必须不忘初心，并且坚守我们的使命。

瑞典沃尔沃经典车部负责人

佩尔-阿克·弗洛伯格

——

“三点式安全带”从1959年被发明至今，已经保护了数百万人的生命。安全带的发明由来已久，从18世纪末就有了。我曾经向很多安全专家请教过，如果你只能选择保留一项车内安全设施而去掉其他所有装置，他们会不约而同地回答“保留安全带”。

美国消费者协会创始人

拉尔夫·纳德

——

厂商从不探讨汽车安全，只会考虑汽车的款式、功率、速度等。公众是得不到这样的消息的，例如“为什么我们没有安全带呢？一战的飞机里就已经有安全带了”。

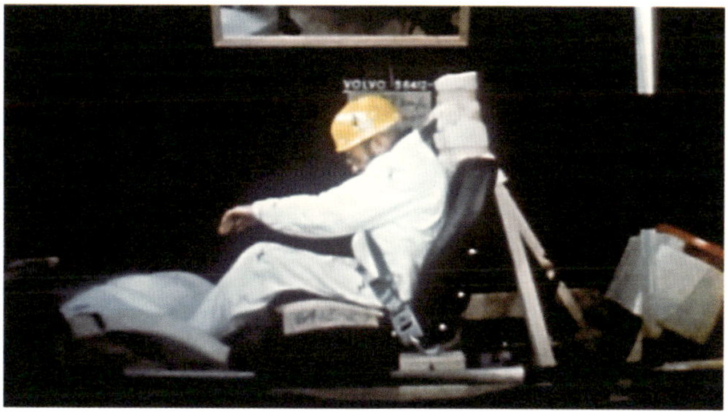

沃尔沃设计的安全带

买账。而V型安全带在刚进入市场时，会勒死人的谣言也到处传播。美国舆论批评安全带“碍手碍脚，令乘客感到不舒服”。汽车厂商们也觉得，多一事不如少一事。

然而，一位名叫威廉·赫顿的美国官员却没有放弃。

赫顿先生就职于美国国家高速公路安全局。面对无数的车祸惨剧，他意识到了安全带的重要作用，并争取将其列为汽车的标准配置。

苦于缺乏有效证据，赫顿的努力迟迟没有进展。

打破这种僵局的，仍然是那位瑞典人。

1967年，博林在美国发表了《28000宗意外报告》，这份报告详细记录了1966年瑞典国内所有沃尔沃汽车的交通事故。

博林发表的《28000宗意外报告》

瑞典沃尔沃汽车安全中心高级技术主管

洛塔·雅各布森

直到那时我们才最终让世界各地的人承认安全带是一项非常有效的救生装置。因为人们通常都惧怕新技术，所以我们足足花了10年时间才让其他人相信安全带是有用的。

在赫顿的努力下，1968年，美国率先出台法律，正式规定轿车前排座椅必须加装V型安全带。

1969年，日本《道路运输车辆保证安全基本法》规定，日本国内生产的所有普通轿车必须强制安装驾驶席位上的安全带装置。

1971年，澳大利亚通过法规要求驾驶员必须佩戴安全带。随后，这项规范被写进了世界各国的道路交通安全条例。

50多年来，博林发明的V型安全带已经被装备在数十亿辆汽车内。这项发明使汽车撞击事故所造成的伤亡人数减少了75%，挽救了上千万的生命。

然而安全带在美国的遭遇却提醒世界：在革新科技与保障安全之间，政府必须有所作为。因为在一个风险

英国伦敦政治经济学院社会学教授

布丽吉特·赫特

同过去的时代相比，现在由科技带来的风险非常多，而且讽刺的是，它是风险社会理论的核心对象之一。事实上，科学让我们能够在一定程度上管理和控制风险，但它本身也带来了其他风险，这一点也不可忽视。

美国消费者协会创始人
拉尔夫·纳德

我发现，在政府机构的实际操作中，很多行业内通行已久的安全标准并没有得到执行，并且在环境、机动车辆的所有等方面都有管理缺陷。

美国约翰·霍普金斯大学历史学教授
路易斯·高隆

直到20世纪末期，国家逐渐形成了较强大的管理体系，来控制产品安全，保证消费者安全和儿童玩具安全，保障人们的安全。这一保护的发展经历了漫长的过程，因为人们尚在摸索中。

世界中，“这是建立政府的根本目的，一切都是为了人民的和平、福利和公众安全”。

300多年来，英国思想家约翰·洛克的这段话时时考验着每一个政府的能力。

⑤ 随州汽车的危机

每天，当我们与无数辆汽车擦肩而过时，总会有一类车辆让人神经紧绷。

这些外形特别的汽车有一个共同的名称——危险化学品运输车。巨大的罐体用来装具有易燃、腐蚀和剧毒等特性的货物，而这些货物正是第二次工业革命中让人自豪的新发明。

货物的属性决定了运输工具的属性。自这种专用汽车诞生以来，庞大的车身就像一个移动的“火药桶”，引爆了无数灾难。

2014年的3月1日，在位于山西省境内的晋济高速岩后隧道，两辆运输甲醇的货车发生了追尾事故，导致甲醇泄露，并且起火燃烧。

在隧道气流的推动下，燃烧的甲醇殃及了隧道中的所有车辆。这次爆燃最终导致了一起40人死亡、12人受伤的特别重大交通事故。

在事后调查中，人们发现，正是因为劣质的钢板和不合格的焊接，导致追尾事故发生后货车罐体焊缝撕裂，直接酿成了这场悲剧。

湖北省随州市有一张响亮的城市名片——“中国专用汽车之都”。在庞大的中国市场中，随州几乎占据着专用汽车产量的半壁江山，其中就包括危化品运输车。

然而，《每周质量报告》的播出，却将随州汽车巨大产量背后的真相展现在了公众

危险化学品运输车

湖北省质量技术监督局局长
王兴於

危险化学品的运输车辆不是普通的产品，因为它运输的介质比较特殊，是易燃易爆的或者是有毒的。正因为它比较特殊，所以对它的生产过程有很多特殊的要求。

面前。在这里，多数企业延续作坊式的生产模式。为了满足超载需求，企业无视国家强制性标准，对罐体进行扩容，或者随意削减钢板厚度，甚至整车出厂可以逃过质量检测……所有这些，如同响亮的耳光重重打在了随州人的脸上。

无数消费者的生命需要保护，20万工人的生计也需要解决。随州的质量危机，再次成为政府能力的试金石。

五天后，随州市政府决定，全市所有危化品运输车生产企业全部停产，改造升级。

“中国专用汽车之都” 随州

随州的危化品运输车

湖北省随州市市长
郄英才
——
如果我们不彻底地整顿规范，长远看，我们的专汽失去了品牌声誉，没有了质量支撑，最后被市场淘汰了。我们作为随州的第一支柱产业被淘汰了，那怎么办？

危机之下，质量管理和检测控制成为随州汽车的“救命稻草”。

一年的努力，原本固定工位上的敲敲打打变成了流水线，手工焊接也被激光自动化焊接所取代，企业开始逐步抛弃原有生产模式。在行政力量的强力干预下，特种设备质量控制模式被引入，无损探伤检测、水压试验、气密性试验……这些曾经被忽略的检测流程也重新回到了车间。

从那时起，随州汽车才真正迈入质量时代。超过10万的年产量、100%的产品合格率、200%的利润增长，成为随州向社会交出的一份答卷。

随州的危化品运输车生产线

华中科技大学汽车工程系主任

黄其柏

——

我们对危化品车辆的质量管理，包括设计制造过程中的监测，使用过程中的质量监测和把关，都要保证它的安全性，对它的全生命周期都要进行把关。

对外经济贸易大学产品质量与安全法制研究中心主任

李俊

——

现代社会应对质量安全风险的有效途径：一个方面，不断地通过有效的市场竞争提高产品质量，进而有效地守住质量安全的底线，这是个很重要的方面；第二个方面，通过政府的预防性的有效监管，比如说制定比较严格的质量安全标准，确保安全底线能够得到控制。

“千里之堤，溃于蚁穴。”安全是质量的底线，也是专用汽车产业的良心。因为每一个微小的细节，都关系着无数人的生命和无数个家庭的幸福。

21世纪的今天，工业化、信息化和全球化已经主导了人类的生产、生活方式，世界似乎因此而变得有序可控。

然而，事实恰恰相反，全球化在带来了富足和便利的同时，也一次次将人们推向风险的悬崖。

当质量成为全球竞争的新焦点时，安全问题也比以往任何时候都更加突出。在这个风险环伺的世界中，如何让美好的事物永不消逝，人类需要共同探索。

❻ 黄山迎客松还能矗立多久

这株松树，在此守候了1300余年。

它有个动人的名字——“迎客松”。险峻的黄山，因为这松树多了几分秀丽和生机。明朝旅行家徐霞客曾站在这里感慨“登黄山，天下无山”。

千百年来，奇松傲霜凌雪，从来都没有屈服。然而今天，面对陌生的敌人，这古老的生命有些力不从心了。

迎客松所要面对的是一种外来入侵的物种，学名松材线虫。

1982年，在南京紫金山的山顶，工人们正在安装一套从日本进口的通讯设备。工作完成后，木制包装材料被弃置在山上。谁都不会想到，这些普通的木板中竟寄生着松材线虫。

当年，紫金山上就有265株松树被线虫感染、死亡。一年后，松材线虫扩散到了整个中山陵景区。入侵

安徽省黄山市出入境检验检疫局副局长

汪旭日

——

松材线虫病，是由媒介天牛携带松材线虫在林间传播，引起松科植物死亡的一种毁灭性流行病。因为发病迅速及巨大的破坏力，就被称为是“松树的癌症”。松材线虫原产于北美，1905年随货物贸易传播到日本，并在亚洲有个大的爆发。

新加坡国立大学东亚研究所所长
郑永年

——

随着社会流动，更多的问题出现了。现在工业化、城市化，好多安全的问题、瘟疫的问题、细菌的问题，凡是跟人相关的东西，流动就快，流动性强，风险就越大。

原国家质量监督检验检疫总局副局长
梅克保

——

作为质检总局来讲，我们主要负责三大安全：一个是消费品的安全，一个是国门安全，一个是特种设备的安全。我们始终是把安全放在第一位的。发展是根本，质量是底线，那么发展和质量之间，发展和安全之间是相互作用、互相影响的。所以我们经常强调一条，不要带血的GDP，一定要坚持安全发展。

紫金山松林

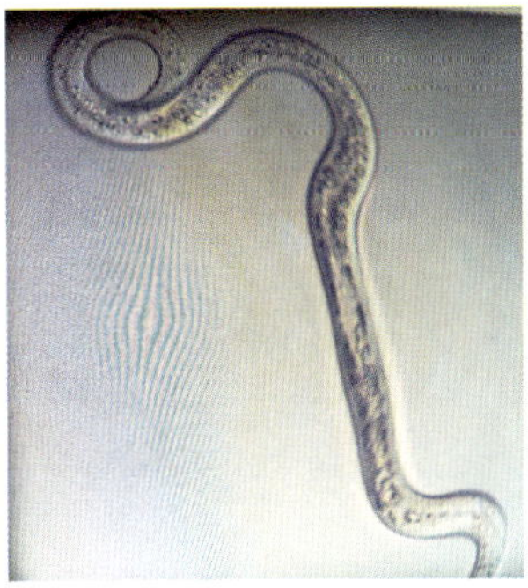
显微镜下的松材线虫

30多年来，松材线虫已经在中国广大的东部、中部地区泛滥成灾，上亿亩松林正面临随时毁灭的风险。

如今，松材线虫病又兵临黄山、张家界，对这两处风景名胜区的天然针叶林构成了严重威胁。一旦松林被吞噬，这里的生态系统将遭遇灭顶之灾。

古老的迎客松，静静地矗立。它见证着这里的人们守护生态安全的过去，也警示着这个国家质量安全的未来。

科技不断创新，制度日益建设，我们似乎有了越来越多的力量抵御风险的降临。可残酷的现实却一次次证明，无论人类主观上做出多大努力，都不可能彻底消除风险。

但政府的资源毕竟有限。人类社会正在呼唤更多的力量站出来，因为全球化、现代化的趋势不可逆转，而我们追求质量的方向也不会改变。

英国著名社会学家安东尼·吉登斯在他的名著《失控的世界》中这样说道：“毫无疑问，我们不能消极地对待风险，风险总是要规避的，但冒险精神正是一个创新社会中最积极的因素。毕竟，‘风险’在古语中的意思是‘敢于’。”

第七章

再塑匠心

❶ 怀表匠的工匠精神

1930年10月，汝山谷的让·皮盖先生已经失眠两个月了。

困扰他的问题是：如何用同一个表冠分别调整平均太阳时间、恒星时间、响闹时间这三枚表针。为此，他每天夜里都在思考。突然想起什么后，让·皮盖就立刻起身写下当时的想法，生怕第二天早上会忘掉。

这一切，都缘于他父亲接下的一桩大工程。

三年前，纽约钟表收藏家亨利·格雷夫斯向瑞士百达翡丽公司订制了一枚世界上

百达翡丽手表

最复杂的怀表。百达翡丽随即委托让·皮盖的父亲、汝山谷最出名的钟表大师维克托林·皮盖先生，来担任这只怀表的总设计师。

让·皮盖的儿子曾这样回忆："最后，他像从战场中凯旋似的，清晰地跟我们讲述了他想出来的完美方案。"经过两个月的苦思冥想，让·皮盖先生终于解决了调整三个表针的难题。但下一个难题，已经又在前方等着他了。

这只怀表，皮盖家族的三代人都参与了制作。

整整八年，他们的饭桌上几乎只有"表"这一个主题，父子兄弟之间甚至会为了一个轴承的毫厘之差而吵得面红耳赤。

2014年11月11日，亨利·格雷夫斯超级复杂功能怀表在日内瓦拍卖场创下了2130万美元的纪录，成为当时"世上最贵的表"。正是80年前世界最顶尖的制表大师们对完美与极致的追求，赋予了这只怀表非凡的价值。

这种为造物而全身心投入的品质，我们称之为工

瑞士汝山谷钟表匠人

奥利维尔·皮盖

这只怀表有不同层次的复杂功能叠加，最后通过一些轴把所有零件穿起来，使得所有指针能准确地显示。因为有这么多功能，需要有两面表盘，每一面都有显示，还有发条系统用来上弦。这是一个神奇的挑战，非同寻常，当时没有人做过，但他们做到了。

让·皮盖的儿子正在展示超级复杂功能怀表设计图

瑞士汝山谷钟表博物馆馆长

文森特·雅顿

—

这是激情，一种日常的激情，如果你把激情投入到职业中，当你做出某个东西时，当你修好了某个东西时，当你设计出某个东西并被人订购了时，当人们对你表示感谢时，你的内心会有触动、感动。激情就是这样的。

匠精神。

2016年3月5日，中国国务院的《政府工作报告》提到：**“要鼓励企业开展个性化定制、柔性化生产，培育精益求精的工匠精神。”**

顷刻间，“工匠精神”席卷全国。

从德国“隐形冠军”到日本的百年老店，形形色色的媒体报道仿佛在告诉我们，这种不断被呼吁的工匠精神，和它背后蕴含的严谨、专注、精益求精的品格，似乎从未出现在中国人的民族性格中。

事实，真的如此吗？

皮盖家族的超级复杂功能怀表拍卖现场

❷ 湖笔匠的传承问题

浙江湖州市的一间民居门前，65岁的章文杰师傅正忙着择笔。

如今，加工毛笔的绝大多数工艺都可以由机器来完成，唯独笔头还得依靠笔工的一双手。

湖笔匠人章文杰说道："虽然我已经退休几年了，但是我做了几十年的湖笔，对湖笔产生了深刻的感情，想放弃也舍不得，看了也想做。不是白天做一天就好了，晚上还

章文杰制作的湖笔

湖笔笔尖

津津乐道地做下去。看着喜欢嘛，我喜欢这个文化。”

自宋代以来，“文房四宝”中的笔特指湖州出产的湖笔。

“千万毛中选一毫”，从剥离兽毛开始，一支湖笔的成形要历经120多道工序。

章文杰从事的“择笔”，只是整套制笔工艺中小小的一环。为了让羊毫笔头的形状更加完美，色泽更加光白，他钻研了40余年。如今，即便代表了湖笔制作的最高技艺，章文杰仍力求将下一枚笔尖择得更好。

2006年，湖笔制作技艺入选国家非物质文化遗产名录。但如何将这门技艺传承下去，始终是困扰章文杰和众多老手工艺人的难题。

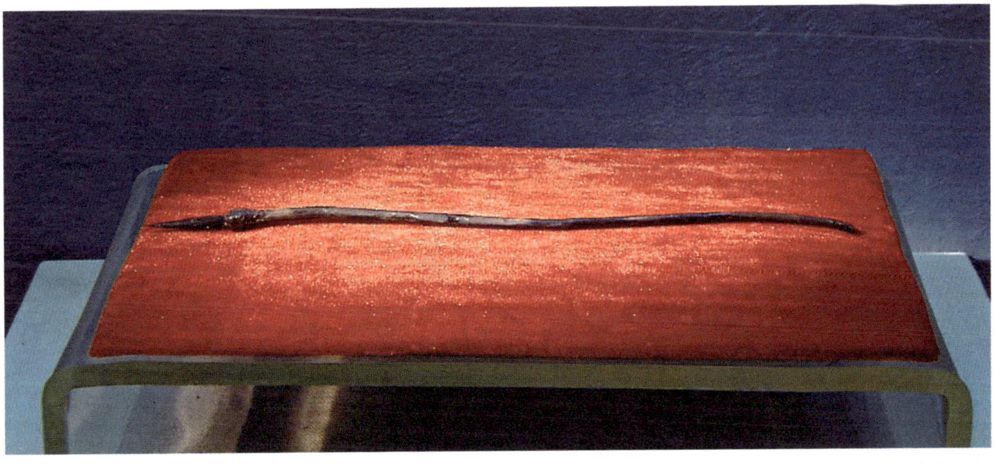
湖笔文物

最后一届湖笔技工等级考核，章文杰是主考官之一。

湖笔匠人

章文杰

——

之前我们厂做毛笔的几千人里还有三四百人在做，现在不到20个人了。我今年老了，60多岁了，能做几年呀？真的没有几年好做了，也没学徒来学。在我看来，这个技艺真的要慢慢消失了。

2016年8月13日，最后一届湖笔技工等级考核在善琏镇举行，章文杰是主考官之一。初学制笔两三年的企业家，干了几十年的老匠人，都赶来参加这场考试。

自此，“湖笔技工”这个称号将退出历史舞台。

一代一代口耳相传的精良技艺，承载了积累千年的教养与规矩。当今社会苦苦追寻的工匠精神，正蕴含在章文杰们担心失传的工艺之中。

早在2000多年前著成的《庄子》一书中，就记载了一位名叫“梓庆”的匠人，他制作了一种名为鐻的乐

湖州王一品斋笔庄总经理
许剑锋
——
年轻人不愿意学，是整个行业面临的最大危机。这个技艺就无法传承，根本谈不上什么质量。所有的东西要靠人来传承。现在学习书法的人越来越多了，做湖笔的人反而越来越少了，其实这是一个很矛盾的事情。

亚太地区手工艺大师、国家级非物质文化遗产传承人
陆光正
——
做一件事，必须要有一种精神。我要为社会做点贡献，我要做成我自己想做的事，要能在这一代里成功。这种精神，就是我们的工匠精神。

武汉大学质量战略研究学院研究员
宋时磊
——
现在很多人的想法，都是愿意去干大事情，而不愿意干小事情，这一点需要我们逐步去克服、去改变。怎样通过每个人具体的小事情去成就国家，去成就民族的未来？这都需要我们一代人甚至几代人去共同努力实现的一个方向。

器，令“见者惊犹鬼神”。别人问他怎样达到如此高超的技艺，他说，进入静心忘我的境界，超然物外，方能做成。

曾主持设计圆明园和颐和园的建筑世家雷氏家族，会将设计方案都按一定比例制作模型，细节逼真。因为严苛律己的极致精神，他们被同行尊为“样式雷”。

“别具匠心”“匠心独运”“文章宗匠”“匠石运斤”“能工巧匠”……这一个个极尽褒扬的词，在文化传承中为匠人们而生，并被岁月逐渐固化为成语。它们像一个个高耸的路标，提示着我们：工匠精神，并不是舶来品。

显然，它一直鲜活在中华民族的血液里。

样式雷烫样

❸ 欧洲瓷器质量进入工业化

“**物勒工名，以考其诚，功有不当，必行其罪**”，这是中国早在2000年前就实施的质量管理制度。从丝绸到瓷器，从后母戊鼎到万里长城，长存于此的工匠制度与工匠精神，造就了中华民族的王朝盛世，也在书写着这个大国的质量。

于是，“China”成为了品质生活的代名词。仅18世纪，至少有6000万件中国瓷器销往欧洲。那时候，欧洲的丝绸画师们人手一本《中国图谱》，依此来绘制龙凤、花鸟等中国传统图案，并注明“中国制造”，假冒从中国进口而来。

在极其漫长的岁月里，中国制造以高品质的茶叶、丝绸、瓷器等为标志，得到了全世界的追捧与喜爱。

贝伦德森先生在三年前买下了一座宅院，从此开始搜集关于艾伦弗利德·钦豪斯的各种资料，甚至试图复原他的墓碑。

钦豪斯正是这座宅院300年前的主人。院中一角，他曾研究瓷器的实验室依然留存着当年的石墙。

钦豪斯年轻时就对当时风靡欧洲的中国瓷器产生了强烈的兴趣，可他并没有想到这个兴趣竟成了他终生的牵绊。

1690年，在给好友莱布尼茨的一封信中，钦豪斯写道：“我发明了一种聚光镜，

钦豪斯的瓷器实验室旧址

并用它成功烧化了一块景德镇的瓷器。现在，我已经确认了瓷器的主要成分是铝、硅和钙。”

在此之前，瓷器的秘方牢牢掌握在中国人的手里。瓷器的原料是什么？原料之间的比例如何调制？烧制瓷器的温度应该是多少？没有一个欧洲人能够准确得知。

此刻，这名科学家离破解瓷器的秘密只有一步之遥了。但这一步，他濒临绝望地走了13年。

直到1703年，钦豪斯在另一个绝望者身上找到了希望。

数万次实验之后，1708年1月5日，贝特格和钦豪斯打开了窑洞。这一次，他们惊喜地发现，七炉窑中有三炉是色白透明的。

欧洲研制出了自己的瓷器。

德国德累斯顿国家艺术收藏馆数学物理馆馆长

彼得·普拉斯迈耶

钦豪斯生活的时代正是欧洲启蒙运动初期，他就读于当时在欧洲最有声望的大学之一——荷兰的莱顿大学。他还去了巴黎，在那里见到了笛卡尔和莱布尼茨等人，见识到了新的工具仪器。那里的人们用这些仪器做了许多用于解释世界运行规律的试验。

德国梅森公司生产部经理

贝蒂·普罗伊斯

——

贝特格原本痴迷于炼金术，甚至还接触过一些有毒的原材料。他一直希望能炼制出黄金，这就是为什么他受国王重视的原因。但是后来一直没有研制成功，其骗局败露后，曾被奥古斯都二世逮捕。

德国梅森瓷器基金会秘书长

京特·斯托辛格

——

在那里他继续研究黄金并不断实验，不过总是不成功。最后切恩豪斯成为他的监管人，并发现了贝格特的天赋。也有其他人研究这一技术，只是他们都没有这两个男人那么幸运。

欧洲瓷器

根据李约瑟在《中国科学技术史》中的记载，贝特格烧制的瓷器已经比同时期的中国瓷器更坚固、更耐高温。

钦豪斯和贝特格创造了瓷器质量的新时代。

从那一刻起，瓷器不再是代表东方巨龙的神秘符号——因为，德国瓷器是“科学”与“理性”的产物。

自此，瓷作为一种材料，其使用范围远远超出了它的前半生。而就在发明德国瓷器的1708年，“科学”和“理性”的风潮正席卷欧洲大陆。“质量”终于可以不局限于生产者的经验或者消费者内心的感受，而慢慢演变成一门可以量化的科学。

也正是从这一刻起，质量开始步入工业化的时代。

④ 洋务运动：中国追赶的工业化

1864年9月，杭州西湖出现了一道别样的风景。

一艘轮船即将在这里试航。苏堤上，时任闽浙总督的左宗棠正带着法国军官日意格，一同见证这一“历史时刻”。

数月前，左宗棠决定研发中国的自制轮船。他找到了两位60多岁的老工匠，土法上阵，造出了一艘能坐两个人的蒸汽轮船。

这艘冒着黑烟的小船，惹得西湖人山人海。但所谓的中国第一艘自制蒸汽轮船，并没能让法国军官日意格刮目相看。

虽然在工业化的进程中，中国已落后欧洲强国一百多年，但此时的日本才刚刚开始“明治维新”，而美国也在不久前刚刚结束内战，百废待兴。

和很多国家相比，中国搭上工业化列车的时间并不算晚。

中国海军史研究会会长
陈悦

——

日意格在他的日记里提到，这艘船只是具有验证价值，没有实用价值，太小，而且蒸汽机的功率也不够。左宗棠其实心里也明白，那么一艘小船才坐两个人，能去打仗吗？但是这艘小船解决了一个重要的问题——给了中国人自信心。今天能做这么一艘两个人坐的小船，就代表着如果我们再投入、再加把力的话，将来未必不能做出更大的蒸汽军舰。

当左宗棠下决心造出一艘技术先进、军商两用的蒸汽轮船时，一场“师夷长技以制夷”的运动正在中华大地轰轰烈烈地展开。从李鸿章的轮船招商局，到曾国藩的安庆军械所，短时间内，清政府创办了一系列的中国“第一家”。

1870年7月，左宗棠梦想的大清国产第一舰正式下水。在洋员总监督日意格的指挥下，大船顺利地划向江面。

“一瞬之间离岸数十丈，船上人乘势下碇，抛泊江心，万斛艨艟，自陆入水，微波不溅，江安无声，中外欢呼，诧为神助。”

这艘轮船的排水量达到1370吨，和国外的主流轮船相差无几。大清王朝特批它使用国号，命名其为“万年清”号，寓意大清江山，万年长青。

然而，从这艘代表当时中国工业最高水平的轮船下水那一刻起，中国式的“工业

“万年清”号下水（绘图）

化”就遭遇着各种各样的尴尬。

日意格很早就解释了，兵船要狭长吃水深，免得招炮招风；商船则要宽敞高大，以便多装货物和乘客，二者无法兼得。但大清的官员们坚持将“万年清”号设计为一艘既能运货又能打仗的两用船。

作为一艘商船，“万年清”号不能和外国航运公司的商船相匹敌，同时微薄的利润也无法满足它作为一艘军舰的巨额养护费用。

最后，清政府只能从福建省的鸦片税中提取一部分作为养船经费，以勉强支持它的运营。

而主持设计“万年清”的福建马尾造船厂，其后继续建造这种“军商两用”的怪船，这些船算不上合格的军船，在马尾海战中“被敌炮轰、洞穿，致十一船同时漂没”。

北洋舰队沉船

同一时期，张之洞创办的汉阳铁厂前后花了560万两银子，还没能炼出一块合格的钢材；北洋舰队的炮弹掺杂泥沙，船体年久失修，难以匹配“亚洲第一舰”的美名。

1894年，甲午中日战争爆发。

这场中日工业化之间的恶战以北洋舰队的全军覆没而告终，进行了30多年的洋务运动也随之黯然落幕。

在后人眼中，这场“留着辫子的改革”最多只能算作清政府为了延续统治的救命稻草，或是列强压迫之下不得已的决策。

但事实上，早在洋务运动之初，李鸿章就曾向皇帝上奏，指明了工业化的意义——**“洋机器于耕织、刷印、陶埴诸器，皆能制造，有裨民生日用，原不专为军火而设”**。中堂大人所期盼的是，当大清王朝通过洋机器富国强兵，不再受外夷侮辱之后，这些技术能够真正造福于百姓。

但历史没有给他这个机会。

或许正因这个大国曾经是一个真正的强国，所以大国中的人民也迫切渴望通过一个又一个的工业奇迹来重振国威。

在此后很长一段时间内，围绕中国经济发展的主题似乎永远都是“追赶”二字：“赶英超美”“大跃进”“GDP保九争十”。直至今天，追求发展速度而非追求生活质量的观念，也许正是来源于这种持续了上百年的民族危机感。

但常常被人们忽略的是，詹姆斯·瓦特开启改变世界的第一次工业革命时，只是为了造出一个高质量的蒸汽机。工业化的初衷原本是人们追求更高质量的产品，从而得到更高质量的生活。

5 旗袍和丝绸：中国工匠精神的现代化

1986年秋日的一天，玉谦旗袍店的店主于仁谦像往常一样早早来到铺子里，和父亲一同裁剪旗袍、照看店铺。没想到，他们迎来了一位意料之外的客人。

一位年近古稀的老太太在侄女的搀扶下缓缓进门，望着于仁谦的父亲，眼眶含泪。

玉谦旗袍店现任老板于仁谦回忆道："她说，老哥，你还认识我吗？我爹一看，不认识啊，摇摇头。她说，你再看看。再看也不认识。她说，我是咱街上张当铺的大小姐，1946年我出阁的时候，是你给我做的四季服装。这一说才想起来。两个老人的手握在一块，当场热泪盈眶。当时我也很受感动。"

玉谦旗袍店现任老板于仁谦

1927年，于仁谦的父亲接手了玉谦旗袍店。

这些年，时局的暂时稳定带来了经济的短暂复苏，中国人对质量的需求迎来一个难得的春天。

此时也正是旗袍的花样年华。

穿着旗袍的张爱玲

中国女人展现美和追求美的天性，在这个年代得以释放。美女月份牌是全上海姑娘的心头好——上面画着最新潮的旗袍款式。阴丹士林布和香云纱哪种更舒服？梅花扣与蝴蝶扣哪个更适合？每个女人都有一套自己的心得。

张爱玲曾写道："再没有心肝的女子，说起她去年那件织锦缎夹袍的时候，也是一往情深的。"

于仁谦说："中式服装，尤其是旗袍，做工很讲究的，都是量体定制的。千人千衣，一个人一个尺寸，必须定制。并不是说你手艺好你就能做好活儿，也得靠思想。我给顾客做活儿的时候，对她的音容笑貌、肢体特征，思考了再思考，研究了再研究，达到极致后，质量就没问题了。"

著名作家

熊召政

匠人对手艺的敬畏感，对艺术化产品产生的亲近感，几乎已消除殆尽。结果，就让我们的生活变得越来越粗糙。随着时代的改变，大家就把粗糙的生活当成了生活本身。

新中国成立之前，张老太太嫁到了台湾，多年来第一次还乡。时隔40年，她再一次在玉谦旗袍店定做了两身旗袍。

张老太太看着镜子里的身影，想起几十年前常常来此裁新衣的少女。

于仁谦说："做好了以后，她穿上的那一瞬间，她的亲戚朋友都说，哎呀太美了，简直像阮玲玉，不，像宋美龄。虽然说她老了，脸上有皱纹了，但是那种风

玉谦旗袍店

宋锦织造技艺传承人、苏州丝绸博物馆创始人

钱小萍

——

当时有一段时间，一流行旗袍，工作人员便穿上便宜的化纤的旗袍，擦地板也穿，端盘子也穿，结果把它搞滥了，把高贵的文化搞滥了。但是不等于高贵的就是平常人不可以穿的。不论你在什么场合穿，你自己得爱惜它。把它穿得很高雅，就会衬托出女性的美。

大家觉得非遗很热闹，好像是个高潮，像搞运动一样，大家都在搞。可能有些重复，有些把很高贵的东西做成了低档。我也希望更多的工厂都在做宋锦，但是一定要做高品位的、高品质的，不要把我们的品质做烂了。

度、气质、文化，让人羡慕、赞赏。现在人穿衣，真正懂服装文化的人少了，因为都没接受过这样的教育。

虽然于仁谦的手艺让张老太太十分满意，但难过的是，玉谦旗袍店不再是她记忆中冠绝全城的那家店了，生意比从前冷清了很多。

在20世纪80年代的大陆，旗袍已经演化成为一种制服：礼仪小姐、迎宾小姐以及很多女性服务员穿起了旗袍，作为职业象征。

这种旗袍多用化纤仿真丝面料，色彩鲜艳，开衩高，做工十分粗糙。

有一个为丝绸操持终生的苏州女人，名叫钱小萍。这些日子，年过七旬的她，每天都要为了故宫订制的一批宋锦，顶着酷暑在工厂与工作室间奔走。

钱小萍一生复原了20多件古老的丝绸文物，并且研制出一种织机，让一度失传的宋锦失而复得，成为名副其实的宋锦非遗传人。

同时，她也希望丝绸能够适应现代人的生活方式。她用丝绸材料造出了人造血管，被专家鉴定为“理想的血管代用品”；也把宋锦推广到了现代服装的各个领域。

钱小萍这位“大家长”的管教，推动了苏州丝绸业内的良性竞争。2016年，G20峰会在中国召开。这场盛

工作中的钱小萍（左一）

会的国礼，就是来自苏州的丝绸。

而济南的玉谦旗袍店这几年里也出现了越来越多的新顾客，其中不乏年轻人只为一身高质量的旗袍而来。

21世纪是质量的世纪。在迈向质量时代的道路上，中国亟须重新思考“质量”的内涵。

❻ 质量传承的秘密

不管什么季节、什么天气，每天在日本东京吉祥寺商业街都能看到这样的场景——早上四五点，顾客们就排着队，耐心等待着买一种叫羊羹的小点心。小笹点心店的羊羹，每天限量生产150个，每人限购5个。

这样的量产，已经持续了40多年。

东京吉祥寺商业街上排队购买羊羹的顾客

质量成为小店的信仰，于是，三平米的地方带来每年三亿日元的效益。

事实上，在如今的日本，像小笹点心店这样的百年企业超过两万家，其中有七家企业的历史超过了一千年。

今天，我们常说的“质量”这个词语，来源于西方的“quality”。

1870年，日本哲学家西周第一次把“quality”翻译成“品质”的同时，也创造了“哲学”“科学”“理性”等日式词语。此后，日本人的“品质”，正是“科学”与“理性”熏陶下的产物。

但早在翻译“品质”的一千多年前，“质量”一词就从中国漂洋过海来到日本。它在古汉语中的本意是“资质”与“器量”，即人的质量。

国民的高质量，才能质造国家的传奇。追求质量，就是踏踏实实做事，踏踏实实做人。追求质量，就是追求更极致的自我。

庄子曰：“有人，天也。有天，亦天也。”

人道之外还有天道，中国古人一直信奉的“质量”之道，正是一种与全世界共同发展的哲学体系——“天人合一”。数万亿华夏儿女的质量，构成了这个民族的

日本东京小笹点心店创始人
稻垣笃子

为了保证质量，用炭火在铜锅里面煮，一次做出来的数量在50个左右。这样的做法是最好的，甚至可以很大程度地提升品质。
现在的人太过于好高骛远，不怎么理解一步一步的做法，而是想要立刻跳到那个高度。这样的做法是绝对没办法达到所想要达到的高度的。必须要一步一步地去做，这才是最佳的捷径。

全国人大常委会原副委员长

许嘉璐

——

中国人以惊人的勤奋赢得了惊人的发展速度和成就，但是同样也以惊人的速度导致了环境的恶化和社会的断裂。如果我们仅仅着眼于北京和中国，那么可能我们永远都解决不了我们亲手造成的种种危机。我们交流的目的早已经超越了自己的国家和所处的大洲，我们是为了人类和地球的命运走到一起的。

原国家质量监督检验检疫总局局长

支树平

——

中国是一个大国，现在我们正从大国走向强国。质量兴则民族兴，质量强则国家强。从某种意义上讲，质量兴国、质量强国，正是一个大国、一个负责任的大国应尽的责任。现在，中国制造行销全球，世界各地都可以看到中国产品，中国如果把质量搞上去了，不仅可以造福中国人民，也可以造福世界各国人民。

《经济日报》原总编辑、中国发展研究院院长

艾丰

——

一个国家最后被人家尊重，是靠它的质量和品牌。人家为什么凭你的好质量和好品牌尊重你？因为它代表着你这个国家的民族是一个值得尊重的民族。

中国不缺乏工匠精神，而是缺乏工匠精神现代化。阻碍现代化的问题就是急功近利。现在我们有些人太浮躁了，太急功近利了，要把这个问题克服掉，不要贪便宜。中国人老讲“一分钱一分货”，实际上一分钱一分货（的价值是）在钱吗？其实是“一分工一分货”，甚至是“十分工一分货”，然后才有“一分钱”（的价值）。

中国常驻世界贸易组织代表团前公使
余本林

过去，中国传统意义上的商业文化崇尚的是薄利多销，改革开放以后，薄利多销的商业文化理念恐怕很难适应当代的要求。我们生产了很多东西，利润很薄，附加值也很低，既浪费了人力，又浪费了资源，最后获得薄薄的利润，还容易引发贸易摩擦。我觉得这些都是值得我们深思的。

武汉大学历史学院教授
李工真

德国的孩子们养成了一种习惯，他们并不喜欢夸夸其谈、坐而论道，他们就喜欢动手。质量观念和意识激发了他们想要动手创造的欲望。精品——德国的男人是以这种东西为自豪的。

质量；而每一个人类的质量，决定了这个物种、这个星球的质量。

尽管在宇宙面前如此微茫，但我们总应当尽力为未来留下些什么。一尊美轮美奂的青铜鼎，或是一只水墨青花的瓷瓶；一种传给下一代的品行，或是一片土地的千年静谧。

毕竟，让这个宇宙闪耀的正是微不足道的点点繁星。

不为一时功勋，顾全万年生计。这正是当今中国所追溯、所追寻的大国质量。

附录

《大国质量》访谈人物

附 录

《大国质量》访谈人物

职务	姓名
联合国贸易和发展会议副秘书长	乔金·雷特
联合国工业发展组织贸易能力建设司司长	贝尔纳多·卡萨迪利亚-萨米恩托
世界贸易组织秘书处参赞	埃里克·维克斯特伦
国际标准化组织前主席	张晓刚
国际标准化组织秘书长	凯文·麦金利
国际电信联盟秘书长	赵厚麟
国际计量局局长	马丁·米尔顿
世界卫生组织驻华代表	施赫德
国际计量局首席物理学家	理查德·戴维斯
国际质量科学院院士、东京大学名誉教授	饭塚悦功
国际食品安全法典委员会高级官员	汤姆·海兰德
中国工业与信息化部副部长	辛国斌
中国科技部副部长	黄 卫
中国农业部副部长	陈晓华
全国人大常委会原副委员长	许嘉璐
中国常驻世界贸易组织代表团前公使	余本林
中华人民共和国驻德意志联邦共和国特命全权大使	史明德
原国家质量监督检验检疫总局局长	支树平
原国家质量监督检验检疫总局党组副书记、副局长	梅克保
原国家质量技术监督检验检疫总局党组书记、副局长 中国科学院党组副书记、副院长	侯建国

职务	姓名
原国务院参事、国际质量科学院院士	郎志正
原中国国务院参事	张　纲
国务院发展研究中心副主任	隆国强
中国检验认证集团原董事长	齐京安
时任深圳市市委副书记、市长	许　勤
湖北省随州市市长	郄英才
中国标准化研究院前院长	马林聪
中国计量科学研究院院长	方　向
中国发展研究院院长 原《经济日报》总编辑	艾　丰
深圳创新发展研究院副院长	唐惠建
湖北省质量技术监督局局长	王兴於
安徽省黄山市出入境检验检疫局副局长	汪旭日
中国质量万里行促进会原副会长	郭若虚
中国工程院院士、上海交通大学校长	林忠钦
中华预防医学会秘书长	杨维中
中国海军史研究会会长	陈　悦
中国汽车工业协会常务副会长	董　扬
国家认证认可监督管理委员会原主任	孙大伟
原国家计量局长度处精测室主任	李慎安
中国国家标准化管理委员会主任	田世宏
中国计量科学研究院实验工厂工程师、钟林夫人	孙东明
阿里巴巴集团创始人	马　云
华为终端公司董事长	余承东

职务	姓名
海尔集团首席执行官	张瑞敏
大众汽车集团（中国）原总裁	约赫姆·海兹曼
上汽大众汽车公司原总经理	王荣均
上海振华重工集团董事长	宋海良
中国商环技术发明人 圣大医疗器械技术有限公司董事长	商建忠
大疆创新科技有限公司公关总监	王　帆
上海振华重工集团质量安全部总经理	陆建华
松下电器杭州有限公司上级工程师	胡一凡
松下电器杭州有限公司品质部部长	方正红
上海大众汽车公司老员工	陈争鸣
海尔集团胶州空调互联工厂总装A线员工	王阳阳
清华大学科学技术与社会研究所副教授	鲍　鸥
北京大学质量与法治研究所所长 中国质量万里行促进会会长	刘兆彬
中国人民大学公共管理学院教授	刘　鹏
对外经济贸易大学产品质量与安全法治研究中心主任	李　俊
中国科学院数学与系统科学研究院党委书记	汪寿阳
中国社会科学院工业经济研究所所长	黄群慧
中国社会科学院世界历史研究所副研究员	张　炜
中国社会科学院世界历史研究所研究员	王旭东
中国农业科学院茶叶研究所原所长	程启坤
武汉大学历史学院教授	李工真
武汉大学质量发展战略研究院研究员	宋时磊

职务	姓名
华中科技大学汽车工程系主任	黄其柏
哈尔滨医科大学伍连德研究所常务副所长	张凤民
第二届中国质量奖得主	高凤林
著名作家	熊召政
《新中国计量史》总编撰	陆志方
亚太地区手工艺大师、国家级非物质文化遗产传承人	陆光正
安徽省省级非物质文化遗产项目代表性传承人	王光熙
宋锦织造技艺传承人、苏州丝绸博物馆创始人	钱小萍
湖笔匠人	章文杰
湖州王一品斋笔庄总经理	许剑锋
美国微软公司创始人	比尔·盖茨
美国高通公司前总裁	德里克·阿伯利
诺贝尔经济学奖获得者 美国斯坦福大学商学院名誉院长	迈克尔·斯宾塞
美国戴明学会会长、戴明外孙	凯文·爱德华兹·卡希尔
美国戴明学会顾问团主席	凯利·阿兰
美国食品药品监督管理局历史学家	苏珊·尤诺德
美国消费者协会创始人	拉尔夫·纳德
美国哈佛大学肯尼迪政府学院教授 原美国总统经济顾问委员会成员	杰弗里·弗兰克尔
美国麻省理工学院技术史教授	梅里特·罗伊·史密斯
美国耶鲁大学法律与法制史教授	罗伯特·戈登
美国康奈尔大学医学院教授	李石华
美国纽约大学历史系教授	托马斯·本德

职务	姓名
美国芝加哥大学历史系教授	彭慕兰
美国俄亥俄大学社会医学系教授	杰奎琳·沃尔夫
美国马里兰大学消防工程学教授	肯尼斯·伊斯曼
美国约翰·霍普金斯大学历史学教授	路易斯·高隆
美国波多里奇卓越绩效项目主管	罗伯特·方迈耶
《美国食品药品百年监管历程》作者	菲利普·希尔茨
德国管理学家、《隐形冠军》作者	赫尔曼·西蒙
德国联邦物理技术研究院院长	约阿希姆·乌尔里希
德国联邦物理技术研究院副院长	罗曼·施瓦茨
德国大众公司首席质量官	汉斯–约阿西姆·罗滕皮勒
德国双立人公司首席技术官	雷内·施密茨
德国双立人公司首席质量官	克里斯蒂安·阿伯克
德国博世公司高级副总裁	卡斯腾·穆勒
德国博世公司培训总监	西格弗里德·佐克
德国德累斯顿国家艺术收藏馆数学物理馆馆长	彼得·普拉斯迈耶
德国梅森公司生产部经理	贝蒂·普罗伊斯
德国梅森瓷器基金会秘书长	京特·斯托辛格
德国柏林工业大学教授	沃尔夫冈·柯尼希
德国柏林工业大学教授	克努特·布林德
英国标准协会全球标准部总裁	斯科特·斯蒂德曼
英国天祥集团总裁	骆嘉华
英国标准协会测试项目经理	马克·梅奥
英国劳氏船级社资讯中心副主任	露易丝·桑格
英国谢菲尔德刀具贸易公会档案员	琼·昂温

职务	姓名
英国川宁茶叶第十代家族传人	史蒂芬·川宁
英国牛津大学经济史教授	凯文·欧罗克
英国剑桥大学发展研究中心主任	彼得·诺兰
英国剑桥大学金融史研究中心副主任	阿德里安·莱昂纳德
英国剑桥大学可持续发展领导力研究院研究员	托尼·朱尼珀
英国曼彻斯特大学 约翰·瑞兰德图书馆珍本部主管	朱丽安·辛普森
英国伦敦大学亚非学院历史学名誉教授	汤姆·汤姆林森
英国伦敦政治经济学院社会学教授	布丽吉特·赫特
英国伦敦政治经济学院教授	帕特里克·奥布莱恩
日本著名管理学家	大前研一
日本品质管理学会前会长、东京理科大学名誉教授	狩野纪昭
索尼公司质量与环境部副总经理	佐藤裕和
丰田公司业务品质改善部主查	古谷健夫
日本东京小笹点心店创始人	稻垣笃子
瑞典沃尔沃汽车安全中心高级技术主管	洛塔·雅各布森
瑞典沃尔沃汽车集团高级安全技术顾问	扬·伊瓦森
瑞典沃尔沃汽车安全中心负责人	玛琳·埃克霍尔姆
瑞典沃尔沃经典车部负责人	佩尔-阿克·弗洛伯格
瑞士汝山谷钟表博物馆馆长	文森特·雅顿
瑞士汝山谷钟表匠人	奥利维尔·皮盖
俄罗斯圣彼得堡大学门捷列夫博物馆馆长	伊戈尔·德米特里耶大
巴黎高等行政学院教授、原法国总统经济顾问	尼古拉·巴维莱兹
新加坡国立大学东亚研究所所长	郑永年
印度棉花协会主席	迪仁·塞斯